国家艺术基金
资助项目
优秀申报方案汇编
（2025 年度）

国家艺术基金管理中心　编

國家藝術基金
CHINA NATIONAL ARTS FUND

文化藝術出版社
Culture and Art Publishing House

图书在版编目（CIP）数据

国家艺术基金资助项目优秀申报方案汇编. 2025年度/
国家艺术基金管理中心编. — 北京：文化艺术出版社，
2024.4
ISBN 978-7-5039-7585-1

Ⅰ. ①国… Ⅱ. ①国… Ⅲ. ①文化艺术—国家基金—
基金项目—方案—汇编—中国 Ⅳ. ①G123

中国国家版本馆CIP数据核字（2024）第052628号

国家艺术基金资助项目优秀申报方案汇编（2025年度）

编　　者　国家艺术基金管理中心
责任编辑　赵　月
责任校对　陈秀芹
书籍设计　李　响　赵　矗
出版发行　文化艺术出版社
地　　址　北京市东城区东四八条52号 （100700）
网　　址　www.caaph.com
电子邮箱　s@caaph.com
电　　话　（010）84057666（总编室）　84057667（办公室）
　　　　　84057696—84057699（发行部）
传　　真　（010）84057660（总编室）　84057670（办公室）
　　　　　84057690（发行部）
经　　销　新华书店
印　　刷　中煤（北京）印务有限公司
版　　次　2024年4月第1版
印　　次　2024年4月第1次印刷
开　　本　787毫米×1092毫米　1/16
印　　张　20.5
字　　数　302千字　图片58幅
书　　号　ISBN 978-7-5039-7585-1
定　　价　150.00元

前　言

国家艺术基金于2013年12月设立，是旨在繁荣艺术创作、打造和推广精品力作、培养艺术人才、推进国家艺术事业健康发展的公益性基金。国家艺术基金实行社会性、公开性、规范性的工作原则，资助范围包括舞台艺术和美术两大领域，资助方向包括艺术创作生产、传播交流推广和人才培养等方面，资助方式包括项目资助、优秀奖励和匹配资助，资助项目立足导向性、代表性、示范性，努力体现国家艺术水准。

截至2023年底，国家艺术基金遵循艺术发展规律和基金管理规律，累计投入资金约55.8亿元，资助7121个项目，推出了一批优秀作品，组织了一批品牌活动，培养了一批领军人才，培育了良好艺术生态，激发了全社会艺术创作活力，为繁荣发展社会主义文艺事业作出了积极贡献，担负起了新时代赋予的使命任务。

项目申报是国家艺术基金资助管理工作的重要环节，申报材料的质量对立项评审以及在获得资助以后的项目实施都会产生重要影响。为提高策划创意项目能力、设计制订方案水平和申报材料质量，国家艺术基金管理中心从近4年来的申报材料中，精选了一批有典型性、代表性的资助项目作为案例，经整理后汇编成册，作为申报项目的参考。今后还将逐年更新，以适应新的资助政策和申报要求，提供更好的服务。

新时代开启新征程，提出新任务，赋予新使命。国家艺术基金将坚持以习近平新时代中国特色社会主义思想为指导，全面贯彻落实党的二十大精神，深入学习贯彻习近平文化思想，在新的起点上继续贯彻落实党中央、国务院对文化工作的战略部署，准确把握艺术发展规律和基金管理规律，充分发挥政策性和引导性作用，与全国广大文艺工作者携手并肩，阔步前行，推动文化繁荣、建设文化强国、建设中华民族现代文明，担负起新时代新的文化使命。

国家艺术基金管理中心

2024 年 1 月

目 录

第一部分 大型舞台剧和作品创作资助项目

第二部分　小型剧（节）目和作品创作资助项目

第三部分　美术创作资助项目

第四部分　传播交流推广资助项目

第五部分　艺术人才培训资助项目

第六部分　青年艺术创作人才资助项目

第七部分　国家艺术基金（一般项目）2025 年度资助项目申报指南

國家出版基金

舞台艺术创作资助项目

舞台艺术创作资助项目，资助坚持以习近平新时代中国特色社会主义思想为指导，全面贯彻落实党的二十大精神，深入学习贯彻习近平文化思想，坚持为人民服务、为社会主义服务，坚持百花齐放、百家争鸣，坚持创造性转化、创新性发展，围绕举旗帜、聚民心、育新人、兴文化、展形象建设社会主义文化强国，以社会主义核心价值观为引领，发展社会主义先进文化，弘扬革命文化，传承中华优秀传统文化，自觉提升艺术创作的精神能量、文化内涵、艺术价值，凝聚文艺原创能力，坚持以人民为中心的创作导向，推出更多经得起人民检验和评判，立得住、留得下、传得开，满足人民文化需求和增强人民精神力量的优秀舞台艺术作品。

重点资助坚定文化自信，紧扣时代脉搏，自觉承担起记录新时代、书写新时代、讴歌新时代的使命，抒写中国人民奋斗之志、创造之力、发展之果，用心用情用力展示新时代新征程恢弘气象的重大现实题材作品，特别是当代题材作品；资助坚定历史自信，增强历史主动，秉承正确的历史观，把握历史进程和时代大势，反映中华民族的千年巨变，弘扬伟大建党精神，弘扬以爱国主义为核心的民族精神和以改革创新为核心的时代精神，唱响昂扬的时代主旋律的作品；资助坚守中华文化立场，提炼展示中华文明精神标识和文化精髓，坚持守正创新，传承中华优秀传统文化，把马克思主义思想精髓同中华优秀传统文化精华贯通起来，把艺术创造力和中华文化价值融合起来，把中华美学精神和当代审美追求结合起来，赋予其时代内涵和价值的作品。

第一部分

大型舞台剧和作品创作资助项目

龙江剧《萧红》

黑龙江省龙江剧艺术中心

2020 年度大型舞台剧和作品创作资助项目

龙江剧《萧红》

黑龙江省龙江剧艺术中心

2020 年度大型舞台剧和作品创作资助项目

一、主题思想

萧红是东北的女儿，在家园沦丧、民族危亡之际，她将个人心灵屈辱与生活艰辛、才华与血气、不甘沉沦与反叛精神，融进中国那段黑暗、动荡、悲惨的特殊年代。她以笔为枪，满蘸血泪与悲愤，揭示日寇铁蹄下家乡人民悲惨的生存状态，呐喊对侵略者的仇恨，发出抗日文学先声，以孱弱身躯勇砸地狱之门，叩响民族“命运”弦音。

萧红被誉为中国“20 世纪 30 年代的文学洛神”，她是一个时代的文化符号，也是黑龙江永远的文化丰碑。该剧运用本土化戏曲艺术形式，突出反映了萧红用文学力量呐喊、唤起民族觉醒的爱国主义精神，再现了一个地域、一个时代极富文化

《萧红》剧照 1

特质和人文精神的情景故事，让人们铭记、传承黑土文化与爱国主义精神。

二、内容简介

龙江剧《萧红》以从萧红的小出走即离开故土，到最后的大回归即灵魂回到呼兰河畔、来到熟悉的大豆高粱地，贯穿了故事的全过程主线，揭示萧红的人物命运、情感与追求。

该剧通过伴唱和舞蹈作为旁白，述说萧红的内心矛盾与现实纠葛，解说她的遭遇与不幸。同时，打破时空，以演员扮演萧红小说中的人物，穿插于舞台的虚拟与现实中。最后，通过《呼兰河传》中人物、景物再现，让漂泊不定又屡遭不幸、生命脆弱却灵魂倔强的东北女儿，梦回呼兰河，魂归故里。

三、艺术特色

龙江剧《萧红》以浓郁的东北地域特色表现萧红成长年代及萧红笔下的风土人情、风俗土语、风格样式。舞台上，以“一座景观塔、一个旋转台、一片文字林、一条呼兰河”这四个符号为主体，以旋转流动的方式，在萧红的现实生活与文学作品中切换角度,虚实结合地展现萧红在传奇而辗转的一生中所经历过的每一处场景，既保持故事的整体感，又突出萧红人生的多面性。

用家乡戏演家乡故事，展现流落异乡的呼兰河的女儿萧红短暂的一生，以及她笔下乡村旷野、人情景观，采取大气厚重、凄美细腻、鲜活生动的风格样式。通过富于地域气息的戏曲化表演，本土传统音乐和唱腔运用，颇具年代感的人物服装、化妆，辅以现代舞台的舞美、灯光、音效和背景，让观众在时空交错的感喟中，回溯那一年代、那一社会，置身那一群人中间，听他们说、听他们唱，感受他们的内心与精神世界，触碰那一个个鲜活的灵魂。

（一）音乐和唱腔设计

深挖东北地域音乐【四平调】【盘家乡】【文咳咳、武咳咳】【打枣调】【哭糜子】等曲调，选用近现代曲调优美、传唱广泛的民歌和乐曲，编配到主调和主题的咏叹宣叙中，使戏曲程式化的板腔体音乐更富于变化，增强现代元素，使剧种特色更为新鲜活泼，既不失戏曲底蕴和风格，又具有时代印记。配器不吝运用现代手法，不同乐件与自然音效、合成音效，配合戏曲板腔，烘托推进剧情起伏变化，揭示人物性格、人物关系和情感脉络，以及环境场景氛围转换。

（二）表演设计

突破传统戏曲表演程式规范，写意与写实并用，体现现代感。充分利用龙江剧的固有元素，并融合话剧、歌剧、交响乐等艺术形式，在舞台美术、演员表演等方面突破创新。凸显龙江剧善用歌舞演故事、推进剧情、烘托场面和人物情感变化的优势，进一步丰富龙江剧风格舞蹈元素，使戏曲身段和人物生活融为一体，戏曲身段生活化，生活行为戏曲化，人物内心外在化，表情、意蕴、氛围、情节融为一体。

（三）舞美设计

突出以典型环境作为设计主题，舞台中央是可以旋转且风格不同的三个楼体，从萧红家乡的土房土瓦小门楼，再到后来萧红来到上海，根据剧情的需要转换不同的角度，形成不同的场景，从而不用拉上大幕来切换场景。无场次切换可以获得舞台空间上的无限自由。道具方面，计划设计一个写意的道具，既代表着萧红故乡的呼兰河，同时也象征着围绕萧红人生的阴霾；当松花江决堤，哈尔滨城区被淹，它又降到中空，代表哈尔滨被洪水环绕的景象。人物造型方面，萧红、鲁迅等典型人物不同于以往的抹油彩化戏妆，而是模仿生活中的真实发型、衣着进行打造，使用影视的造型设计。

四、价值意义

（一）还原真实的作家萧红，表现她的情感经历，传达她的文学观念和艺术追求

重点围绕这位东北籍传奇女性作家的人生经历，表现她不甘于沉沦与反叛精神，彰显她的才华与骨气。通过她的文学作品《跋涉》《王阿嫂的死》《生死场》《商市街》《苦杯》《旷野的呼喊》《小城三月》《呼兰河传》《牛车上》《沙粒》等串联全剧，着力表现萧红一生痛苦、坎坷、挣扎与追求，以及萧红关于文学创作的辩论、文学思想的表达——“一个人的写作是心里流淌出来的自然。自然是什么模样，它就是什么模样”。用一些萧红创作的角色与萧红进行对话，通过萧红的创作诠释萧红形象，构筑展示萧红形象的另一个舞台。

《萧红》剧照 2

壽甬康

（二）深挖萧红文学作品在中国现代文学史上的地位，以及作为黑龙江地域文化符号人物的价值意义

萧红是中国现代文学史上享有盛誉的女作家，被誉为“20 世纪 30 年代的文学洛神”、“民国四大才女”之一，是现代文学史上极具个性特色和传奇色彩的作家。她一生拒绝给定、拒绝平庸，不仅体现在她对传统社会的抗争和对爱情自由的追求上，更体现在她的文学作品中。不管是题材选取还是手法运用，萧红都拒绝已有成法，另辟蹊径，坚持自己别致而独特的风格。在中国文学史上，萧红将北方乡村特有的荒凉旷野下人们的生存状态、风俗文化，第一次如此逼真地带入文坛，使文坛既感陌生又无限新奇。萧红创作的文学作品，有表达对个性解放和自由爱情的执着追求，也有大量篇幅表现对穷人、妇女和弱势者的同情；对故乡风俗景物和童年时光的精心描写，则表达她对家乡的深切怀念和灵魂回归。

龙江剧《萧红》用家乡的艺术形式，将流落异乡的呼兰河女儿重现故乡舞台，让一个漂泊的灵魂与精神回归故土，无疑是家乡人民对萧红最好的缅怀和纪念。

五、前期准备情况

（一）剧本初稿完成后，黑龙江省龙江剧艺术中心多次组织主创人员和部门骨干到呼兰萧红故居和纪念馆，了解体验萧红当年的生活状态，感受萧红心路历程。并组织专家研讨论证，从故事情节、戏剧结构和人物关系，从二度创作呈现，精细推敲每个情节细节，经过反复斧凿修改，最终定稿。

（二）剧组主创人员已确定，项目创排的各项准备工作均已完成。导演宋巍，导演阐述已完成；领衔主演为本单位副主任一级演员李雪飞，其他主要人员也已基本确定，角色分配初步完成；作曲为本单位演出科长一级作曲边革，主题唱腔和部分音乐小样乐谱已完成；舞美、灯光等均为本单位人员，舞台设计、灯光设计、服装和人物造型草图样本已经完成。

（三）剧目创排实施计划已经完成。

（四）项目经费预算已完成。

（五）剧组和中心各部门积极投入项目实施的前期准备阶段。

六、保障条件

黑龙江省龙江剧艺术中心是省文化和旅游厅唯一直属地方戏曲院团，拥有150多名演职人员，69人具备中高级专业技术职称资格。龙江剧创建60年来，以其浓郁的地方特色和鲜明的艺术底蕴，不断传承发展和提高壮大。创作改编大小剧目100多部，精品剧目四获“文华奖”、四获“五个一工程”奖；龙江剧表演艺术家白淑贤、李雪飞三度获“梅花奖”、三度获上海白玉兰戏剧表演艺术奖。龙江剧是全国新剧种中获奖最多、奖格最高，跻身中国优秀戏曲艺术之林，被文化和旅游部评为“全国地方戏创作演出重点院团”。

近年来，龙江剧不断推出精品剧目，以精品赢得观众和市场，赢得生存和发展空间。《萧红》是继国家艺术基金大型舞台剧和作品创作资助项目《松江魂》《九腔十八调》获得成功之后，拟打造的又一部大型地方戏曲剧目。该剧目由国内著名编剧黄维若深耕细作，导演由龙江剧新生代导演宋巍担纲，主演由龙江剧现当家花旦“梅花奖”得主“小白淑贤”李雪飞领衔。该剧是龙江剧在新时期文化和旅游融合生态下，精心遴选、着意打造的极富黑龙江地方传奇色彩和文化标志性符号人物为题材的剧目，剧目创作得到了省文化和旅游厅领导和相关部门的肯定与大力支持，并给予相应的前期配套资金资助，保障剧目的顺利创排生产。

七、实施计划

（一）创作生产

实施日期：2020 年 1 月 20 日至 8 月 31 日。

2010 年 1—3 月，组织剧目创作研讨会，对剧本、导演阐述和创作构思、音乐唱腔设计、音乐设计、舞美设计、服装设计、化妆造型设计、道具、音效、主要演员创作构思提出批评和修改意见。

2010 年 4—5 月，排演前再创作阶段。按照前期导演和主创人员创作构想及设计思路方案，参考借鉴研讨会专家建议，各部门进入再创作阶段。此阶段各部门分头推进，拿出最终小样，与导演沟通交流，完成进入排练场前的最终设计排演方案。

2020 年 6—8 月，剧组进入排练及制作阶段。乐队练乐，演员练腔，舞美、服装制作，导演和演员下排练场走调度、搭框架，从粗排到精排，研磨加工，完成从艺术构思到具体呈现。

（二）剧目演出

首演日期：2020 年 9 月 10 日。

2020 年 9 月 5—10 日，在哈尔滨工程大学启航剧场举行“大型龙江剧《萧红》首演暨献礼中华人民共和国诞辰 70 周年庆典”活动，彩排、试演和首演，共计完成 6 场演出。

2020 年 9 月 15 日至 10 月末，进驻哈尔滨及省内 12 所高校开展“大型龙江剧《萧红》巡演暨黑龙江省庆祝中华人民共和国成立 70 周年华诞大型巡演”活动。

2020 年 11 月，展开大型龙江剧《萧红》下基层巡演活动，赴大庆、佳木斯、双鸭山、林甸及海伦、肇源等市县巡演。

总计完成 20 场演出。

（三）结项验收

结项日期：2020 年 12 月 30 日。

力争打造思想性、艺术性、观赏性相统一的龙江剧舞台艺术精品。在保持、丰富龙江剧特色基础上有创新、有发展。

完成实现重塑萧红形象，展现萧红精神，拉近观众与萧红及萧红文学作品的距离，增加本土人民对龙江走出文坛杰出人才的自豪感和文化自信心。

通过剧目创排演出，传承发展黑龙江地方传统戏曲艺术，锻炼龙江剧创作演出队伍，培养优秀人才和后备力量。

通过剧目巡演活动，展现新中国成立70周年黑龙江省地方戏曲舞台艺术成果，献礼建党 100 周年。

（四）持续演出

项目结项后计划开展持续性演出，送戏进乡村到基层，把《萧红》打造为龙江剧精品大戏。开展“萧红文化周”惠民展演活动，服务广大群众；作为迎接党的二十大的献礼剧目，为广大党员干部提供生动的学习材料；通过剧目演出、会演、展演活动，锻炼龙江剧创作、演出队伍，传承、发展龙江剧艺术，为龙江剧培养优秀人才和后备力量。

专家点评

龙江剧是黑龙江省传统戏剧中的一个新剧种，也是我国目前戏剧之中最“年轻”的剧种之一。该作品以著名青年作家萧红的人生经历为主题，讲述了其不畏当时社会的悲惨艰辛与黑暗动荡，以笔墨为“武器”唤起民族觉醒的爱国主义精神的故事。该作品舞台呈现精美、形式设计创新、项目方案详尽、价值意义明确，能良好地利用戏剧形式对人物进行塑造和雕刻。

话剧《长安第二碗》

西安话剧院有限责任公司

2020 年度大型舞台剧和作品创作资助项目

话剧《长安第二碗》

西安话剧院有限责任公司

2020 年度大型舞台剧和作品创作资助项目

一、主题思想

话剧《长安第二碗》是西安话剧院为献礼新中国成立 70 周年，紧紧围绕“全面建成小康社会”伟大主题，讴歌中国人民美好生活而创作的精品剧目。这部戏紧跟时代，用故事发展的一个高度和又一个高度，用人物命运的一个变化和又一个变化，以小见大，用一个泡馍馆的兴盛、一个普通家庭的激荡人生去展现 40 年间我国人民生活水平的不断提高。

长安第二碗
THE BEST OF CHANG'AN
编剧 陈彦 陈梦梵
导演 查明哲 翟卫国
制作人 任雪迎
嘹咋咧
第二碗
长安
西安演艺集团 | 西安话剧院

《长安第二碗》海报

二、内容简介

该剧讲述了1978年至2018年的40年间，秦存根传承祖先基业，夫妇苦心经营葫芦头泡馍馆，经历重张、火爆、歇业，最终打造了“秦记”这块金字招牌的故事。

一座老城，一家老字号泡馍馆。1978年，秦存根为了让一家人能吃上顿饱饭，决心把秦记葫芦头泡馍馆重新开张。时代车轮滚滚向前，泡馍馆在秦存根夫妇苦心经营下，不断发展壮大，设分号、开连锁、标准化经营，秦记的金字招牌越发闪亮。秦家兄弟姊妹7人也一一长大成人，或子承父业，或参军报国，或步入仕途，或投身科研，或醉心戏曲，或随波逐流，或迷失自我……纷纷攘攘，起起伏伏，在悲欢离合中，秦记一碗不变的老味道里，潜藏着某种永恒的东西，直抵人心。

三、艺术特色和价值意义

（一）用时间“淘金”，结构严谨，既是献礼，也是答卷

话剧《长安第二碗》的时间跨度长达40年，展现了一个家庭的“创业史”，以真挚、朴实的戏剧语汇，生动地反映了普通百姓追随时代步伐、攀登人生阶梯、刷新自我精神世界的过程。

剧本的文学结构严谨，具有《茶馆》风格，是一部可以代代传承下去的剧目。每一个人物角色都很有特点，每一个人物在命运中的变化和选择都带有自己的特色，秦存根所奉行的“忠厚传家久，诗书继世长”正是2000多年来中国社会的善良人们所遵奉的一条恒久不变的道路。所以，该剧会引起观众强烈的情感共鸣。

（二）西安方言，增强地域色彩

该剧作为西安话剧院转企改制后“现实主义题材三部曲”的最后一部，陕西地域特色浓厚。台词采用西安方言，渲染地域气氛，同时运用了夸张、形象、反话、

时代色彩、语境中的特殊含义等种种手段去表达。

该剧要带给观众的，是浓浓的民俗风味，是重重的年代色彩，是沉沉的文化积淀，是淡淡的市井人生，是多彩的四季变换；是一家九口七子的艰难劳作和生活挣扎，是众多活灵活现的人物群像，是扑鼻而来甚至可能终生弥漫在观众心里的“葫芦头”之香；是个体人生跌宕起伏的命运传奇，是家庭矛盾组合而成的情感交响；是硕大的舞台、立体的店铺以及由此而组成的超大型的、前后通透的表演空间；是适应现代化剧场的、精心谋划的宏阔大气但收放自如，是鸿篇巨制却在各种微小处构思有致；是纱幕背后的秦腔之吼带给人们心灵上的震撼；更是古老的城市所散发出的悠久气息，以西北风味为基调的悠久气息。一言以蔽之，它的核心和基调，就是民俗展示基础上的艺术风格塑造和人物形象塑造。

（三）扩大陕西文艺影响力，用文艺助力西部大开发

话剧《长安第二碗》凝结着编剧陈彦对陕西深厚的情感，加上西安话剧院选用陕西优秀本土演员，全面发酵这个戏剧作品蕴含的陕西味道，让全国人民有机会了解、接受、品鉴浓厚的陕西戏剧，对陕西文艺的推广、推动西部大开发起到了积极作用。

四、前期准备情况

2017 年 12 月 2 日，2018 年度西安市舞台艺术精品选题策划会召开后，西安话剧院根据参会专家们作出的选题推荐和甄选，话剧《长安第二碗》以其独有的时代意义被列为重点剧目创作备选，选题排序第二，第一为话剧《柳青》。

2017 年 12 月，通过几轮筛选和洽谈，编剧人选最终确定为国家一级编剧陈彦。剧院配合陈彦进行深度采风，搜集了大量珍贵历史资料和人文素材，进入了剧本创作阶段。

《长安第二碗》剧照

長安第二碗
光荣人家

2018年12月16日，2019年度西安市舞台艺术精品选题策划会召开，话剧《长安第二碗》再次被列为重点剧目创作备选，选题排序第一。12月底，《中国作家》刊登了话剧《长安第二碗》（刊登名《秋色满长安》）的初稿剧本，项目创排正式提上日程。

2019年1月，剧院特邀国家话剧院副院长、国家一级导演查明哲担任导演。

2019年2月12日，话剧《长安第二碗》首次剧本专家研讨会在北京亚奥国际酒店举办。

2019年4月，导演查明哲、舞美设计罗江涛、服装设计汪又绚等主创人员来到西安进行首次采风工作。主创团队一起考察了王家大院、关中民俗博物院等陕西民俗，同时收集了跨度50多年的西安老照片，有西安房屋、街道、城市的变化、饮食、服装等资料，提供给舞美做参考。

2019年6月8日，编剧陈彦、导演查明哲来西安召开演员见面会。

五、保障条件

话剧《长安第二碗》是西安话剧院为献礼新中国成立70周年，紧紧围绕“全面建成小康社会”伟大主题，讴歌中国人民美好生活而创作的精品剧目，已连续在2018年度、2019年度西安市舞台艺术精品选题策划会上获得专家们一致的好评与青睐，在选题排序上名列前茅。2019年，话剧《长安第二碗》的创排被西安演艺集团确定为重点剧目，列入“曲江新区2019年100项重点专项工作”，并已作为陕西省2019年重点剧目创作报送文化和旅游部艺术司。

从社会效益上看，话剧《长安第二碗》通过普通家庭的喜怒哀乐原汁原味地展现西安这座城市的蜕变，树立城市新姿态，展现城市新风貌，讲好中国发展、中国品牌、中国老百姓的故事，它不仅能够唤醒人们的初心，引发西安市民，甚至外地游客的情感共鸣，提升市民荣誉感、归属感，还有助于打造、巩固、维护西安市整体的城市形象，是“献礼新中国成立70周年”最具西安特色的礼物。另外，由于话剧《长安第二碗》带有独特的地域性和时代意义，易于培养稳定和良好的受众群体，拥有极高的市场价值潜力。

六、实施计划

（一）创作生产

实施日期：2020年1月1日至2月29日。

剧组全体人员坚持“深入生活、扎根人民”的艺术创作原则，遵守艺术规律，从剧本创作到研讨，从演员的采风到排练再到第一轮试演的意见收集，将秉持认真、坚守、不偷工减料的“秦存根精神”，按时完成剧目创作前置工作，精细打磨，舞台合成，确保剧目质量。

（二）剧目演出

首演日期：2020年3月1日。

在省内连续演出13场，向新中国成立70周年献礼，参加各类献礼展演活动。

在省外演出4场，展现陕西发展风貌，呈现小康社会的积极风采。

（三）结项验收

结项日期：2020年12月31日。

努力打造一部有高度、有温度、有深度的反映时代精神的现实题材精品，按照国家艺术基金要求，高质量完成项目实施，提交结项材料。

（四）持续演出

依托于保利院线等全国各个院线，开展全国巡演，积极参加各类展演活动。

专家点评

该作品看似以地方特色美食文化为主题展开叙述演绎，但实则是深层次地表现了在经营一家泡馍馆背后40年来一家人的悲欢喜乐。

该作品构思巧妙，内容丰富，方案详实，安排有序，在故事之外也在不断传播弘扬着自己的地方特色及文化，留给观众的是一番深厚的乡土情怀。

歌剧《小老杨》

山西华夏之根艺术团

2020 年度大型舞台剧和作品创作资助项目

歌剧《小老杨》

山西华夏之根艺术团

2020 年度大型舞台剧和作品创作资助项目

一、主题思想

习近平总书记前后 6 次发表重要讲话和作出批示，高度评价和肯定“右玉精神”，山西省委、省政府也把“右玉精神”作为新的山西精神、时代精神，号召广大党员干部群众以发扬“右玉精神”，切实增强执政为民的宗旨意识，激励和鼓舞全省党员干部群众为实现山西转型高质量发展，树立山西美好形象而努力奋斗。

歌剧《小老杨》是一部弘扬“右玉精神”的民族歌剧，是深入贯彻落实习近平总书记关于“右玉精神”重要指示批示的具体行动。该剧热情讴歌了右玉人民坚持不懈植树造林、改造治理风沙灾害的壮志豪情，生动诠释了习近平总书记关于“‘右玉精神’体现的是全心全意为人民服务，是迎难而上、艰苦奋斗，是久久为功、利

《小老杨》剧照 1

在长远”的重要指示批示精神。

二、内容简介

该剧讲述了以杨树林为代表的右玉人民，在中国共产党的领导下，矢志不移地把沙漠荒山变成塞上绿洲的感人故事。根据山西省右玉县坚持 60 多年植树造林，把沙漠荒山变成塞上江南的感人事迹而创作。塑造了一位退休县领导、义务护林员杨老头的形象，他亲身经历并见证了右玉县 60 多年的奋斗史，他坚持植树、自愿护林，他爱树如命、以林为家，他执着坚守、无私奉献，他是右玉县 18 任县委书记的缩影，也是“右玉精神”的生动体现。

全剧通过杨老头坚决反对镇里要改造苍河边上小老杨树林兴建沙棘饮料生产基地而引发的一系列观念和情感的冲突，从侧面反映了右玉县艰苦奋斗改天换地的光辉历程，热情讴歌了迎难而上、久久为功的“右玉精神”。

《小老杨》剧照 2

三、艺术特色

（一）结构严谨，构思巧妙，把宏大叙事浓缩于有限时空和具体的人物行动中，充满了艺术的张力

该剧把右玉县60多年植树造林的历史浓缩在了清明节一天，把18任县委书记的感人事迹通过老杨头这个象征性的人物来表达，通过回忆、情景再现等手段，反映宏大的历史背景，把小事件和大历史巧妙糅合在一起，构思新颖独特，增加了戏剧内涵和艺术穿透力。

（二）舞台灵动，手法新颖，增强了艺术表现力

该剧采用拟人化手法，使贯穿全剧的重要道具“小老杨”树全部“活”了起来，他们有名字、有年龄，会说话、会跳舞，他们与老杨头有着丰富多彩的情感交流和语言沟通，他们不再是简单的道具，而是成为角色直接参与到戏剧行动中，增添了全剧的浪漫色彩，也丰富了舞台表现力。

（三）风格鲜明，地域性强，丰富了民族歌剧的样式

该剧音乐借鉴和融合山西民歌、民乐元素，唱词也借鉴和吸收民歌体样式，无论宣叙和咏叹，均充满浓郁晋味晋韵，与剧情和主题的表达浑然一体，形成独具特色的风格，为我国民族歌剧的繁荣发展做了有益尝试和探索，丰富了民族歌剧的样式。

四、价值意义

创排歌剧《小老杨》是深入贯彻落实习近平总书记关于“右玉精神”重要讲话和批示的具体行动，是贯彻落实山西省委、省政府关于深入开展学习弘扬“右玉精神”活动的具体体现。近年来，习近平总书记多次讲到“右玉精神”，山西省委、省政

府把学习弘扬“右玉精神”提到了一个新的高度。号召广大党员干部和人民群众以“右玉精神”为榜样，切实增强执政为民的宗旨意识，牢固树立科学的发展观念，大力培养百折不挠的优秀品格，继续发扬艰苦奋斗的优良作风。歌剧《小老杨》正是一部展现右玉巨变、弘扬“右玉精神”的文艺作品，通过弘扬“右玉精神”，激励和鼓舞全省党员干部和广大群众为实现山西转型跨越、树立山西新形象而努力奋斗。

五、前期准备情况

本项目是中共山西省委宣传部、山西省文化和旅游厅确定的重点创作剧目。本剧由一级编剧王辉担任编剧，龚小奇、穆青担任艺术总监、导演，臧云飞和王京荣共同作曲，一级舞美设计师王瑞宝担任舞台美术设计，演出班底由山西华夏之根艺术团，山西艺术职业学院古典舞系、声乐系师生以及山西省交响乐团共同组成。目前已完成了剧组组建，进行了多次采风，召开了多次剧本研讨会，已基本定稿，舞美、服装、灯光等前期设计也已完成。省委宣传部、省文化和旅游厅前期创作资金已到位，已与主创人员签订了合作协议，前期准备工作已基本就绪。

六、保障条件

（一）在剧目创作演出方面积累了丰富经验

近年来，山西戏剧职业学院和旗下的山西华夏之根艺术团以“出人才、出精品”为基本战略，连续推出民族交响乐《华夏之根》、儿童剧《我能当班长》《Hello，糖豆》、大型晚会“唱享山西——经典民歌汇”“红色记忆”、山西说唱剧《解放》等 10 多部优秀剧目，多次荣获国家大奖，在全国形成了良好的声誉。这为本项目实施奠定了扎实基础。

（二）在传承弘扬山西民歌方面取得了丰硕成果

近年来，学院和艺术团深度挖掘山西民歌资源。一是推出的说唱剧《解放》荣获了国家舞台艺术精品工程重点资助剧目、中宣部“五个一工程”奖、“文华奖”优秀剧目奖，入选国家艺术基金资助项目，已在全国演出1100场；二是完成了“山西民歌的当代价值与对策研究”等多项省级科研课题，出版了《山西民歌精选》等系列音像制品；三是率先成立了国家级非遗项目左权开花调代表性传承人刘改鱼工作室，聘请了石占明、高保利等歌唱家，专门培养民歌人才，推出了张红丽、段佳灵、李小菲等一批优秀民歌手，他们享誉三晋大地，唱响了国际舞台。学院和艺术团聚集了目前山西实力最强的山西民歌歌手阵容。这些人才和成果为本项目实施提供了重要支撑。

（三）财务管理严谨规范，熟悉项目运作模式

近年来，学院和艺术团先后有多个项目获得艺术基金立项资助，熟悉基金管理项目运作模式，积累了丰富经验。为执行好本项目，专门成立了项目领导组，统一筹划项目实施。

七、实施计划

（一）创作生产

实施日期：2020年1月5日至4月16日。

2020年1月5—15日，剧本定稿，制订详细的创作排练计划。

2020年1月16日至2月3日，导演完成舞台台本，调整修改舞美、服装、造型、灯光等设计方案，各部门进入排练准备。

2020年2月4日至3月18日，进入坐排，开始制作舞美、服装、道具等。

2020年3月19日至4月6日，进入草排。

2020年4月7—15日，剧场合成、彩排。

（二）剧目演出

首演日期：2020年4月16日。

2020年4月16日首演，在太原工人文化宫首演2场，接受国家艺术基金监督验收。

在山西、北京等地完成不少于8场的演出任务。

（三）结项验收

结项日期：2020年12月31日。

经过创排、市场检验，使之成为弘扬“右玉精神”、宣传山西文化的精品剧目。

（四）持续演出

对剧目继续打磨，从精品的高度精益求精，精雕细琢，作为本省的品牌剧目，向国家精品剧目冲刺；努力推动开展全国巡演，积极参加各类展演活动，让歌剧《小老杨》走遍全国，将“右玉精神”唱响全国。

专家点评

“金山银山不如绿水青山”，环境的改善与保护问题一直以来都是当今社会关注的重点。该作品将小老杨种树防沙的故事和“右玉精神”紧紧相扣，通过一部短短的作品将护林员一生的酸甜苦辣讲述给观众。

该作品分章有序，故事清晰，感染力强。在主题的选择中，也恰到好处地运用了当地的人物事迹，宣传了地方精神。

舞剧《宝塔山》

上海芭蕾舞团

2022 年度大型舞台剧和作品创作资助项目

舞剧《宝塔山》

上海芭蕾舞团

2022 年度大型舞台剧和作品创作资助项目

一、主题思想

巍巍宝塔山、涓涓延河水，延安——中国革命的圣地，孕育了中国革命和建设的伟大精神动力——延安精神。1935—1948 年，4 万余名来自全国各地和海外的知识青年，抱着对共产主义的理想和信仰，辗转来到延安。在这片热土上，他们接受着党的教育和心灵的洗礼，从一名名文艺青年蜕变为一位位革命志士。在庆祝中国共产党成立 100 周年之际，上海芭蕾舞团创作红色题材芭蕾舞剧《宝塔山》，聚焦 20 世纪三四十年代奔赴延安的爱国青年，剖析他们的所思所想，刻画他们的成长历程，带领观众重温那段峥嵘岁月，用芭蕾独有的表现形式回应时代提出的精神命题，让红色基因在中国年青一代的身上传承发扬，让信仰的力量在新时代焕发出新

礼赞新时代 奋进新征程
演艺大世界·全国优秀舞台艺术作品展演
中国上海国际艺术节中心
The Center for China Shanghai International Arts Festival
國家藝術基金
CHINA NATIONAL ARTS FUND
彩票公益金资助——中国福利彩票和中国体育彩票
国家艺术基金2022年大型舞台剧和作品创作资助项目
寶塔山
上海芭蕾舞团 原创民族芭蕾舞剧
上海芭蕾舞团 红蜻蜓集团 联合制作
Co-produced by Shanghai Ballet and Red Dragonfly
THE BURNING YOUTH
ORIGINALLY CREATED PRODUCTION BY
SHANGHAI BALLET
2022.10.9-10 19:30
上海国际舞蹈中心·大剧场
Shanghai International Dance Center Grand Theater
演出 上海芭蕾舞团
Performed by Shanghai Ballet
出品人 / 张颂华
制作人 / 辛丽丽
艺术总监 / 辛丽丽
联合制作人 / 钱帆
文学顾问 / 朱鸿召
项目顾问 / 王延
编剧 / 铁涌
总策划·总导演 / 刘立功
舞台设计总监 / 韩春启
音乐总监 / 孟可
作曲 / 孟可、吕亮、吕埋平
张哲、陈一磊
舞美设计 / 李广成
灯光设计 / 蒙秦
服装设计 / 李瑶
明华 / 吴虎生
梦安 / 戚冰雪
院长 / 范晓枫
天保 / 张文君
妮儿 / 赵美慈
售票热线 Booking Hotline
62095993 10103721 52990372
票价 Ticket Price
¥ 480, 380, 280, 180
订票网址 Online Booking
www.damai.cn/sh
项目支持
上海大剧院艺术中心艺术发展基金
Shanghai Grand Theatre Arts Group Art Development Fund Aid
上海国际舞蹈中心发展基金会
Shanghai International Dance Center Development Foundation
特别鸣谢
Sansha
HARMAN
FREED OF LONDON
achette
KENZO

《宝塔山》 海报

光芒。百年党史百年党人，百年故事百年追忆。站在时代的里程碑前，记录、抒写、讴歌伟大的历史时刻，是每一位文艺工作者的使命和担当。

二、内容简介

芭蕾舞剧《宝塔山》讲述了一批来自世界各地的爱国青年为理想和信念奔赴延安圣地，最终成长为革命志士的心路历程和人生蜕变。在延安圣地，宝塔山下，来自上海的进步青年梦安、欧洲归来的学子明华，以及千千万万的爱国青年，用炙热的青春浇灌贫瘠的土地，用昂扬的斗志沸腾民族的热血，将自己蓬勃的生命献给这片深情大地。舞剧将西方芭蕾与民族元素相结合，以战争年代为背景，用真实的情感追述共产党人为我们今天的美好生活谱写的历史篇章。

三、艺术特色

作品以海派芭蕾典雅细腻且富有戏剧张力的肢体语汇、充满时代风格与现代概念的音乐旋律、以“历史素描感”为依托的舞美呈现讲述宝塔山下曾经的故事。舞蹈在编排时弱化了叙事性，通过具有象征性、代表性的舞段去讲述那个时代的人与事，用真情实感去追述百年共产党人为民族谋复兴的使命担当。希望通过这部作品传递出前辈们是如何用一颗颗滚烫执着的红心，筑起民族精神的长城，用坚强的意志和力量，诠释信仰的伟大意义。

该剧的音乐融合了民族音乐、音乐剧、圆舞曲、爵士等多种音乐风格。此外，为了体现陕北的地域特色，该剧选用了经典歌曲《南泥湾》的旋律，以及若干民族旋律作为音乐核心素材之一，国际风范与极具特色的地方小调碰撞融合，将一种特定地域、特定时期的独有乐器组合编创出高级唯美的旋律，达到音舞结合的最佳状态，既体现出特定时代背景的音乐风格，又体现出芭蕾舞剧的浪漫表达。

《宝塔山》剧照 1

为突出该剧的年代感和地域特色，韩春启和他的团队以延安最具代表性的美术形象古元版画为灵感，结合芭蕾的艺术审美，在保留古元版画基本元素的同时进行了简约化和现代化的处理。这种处理不仅体现在布景方面，更延续到灯光的设计中，通过弱化层次和细节的方式，对布景的造型完成最终的切割，在还原历史风貌的同时也满足了现代观众的审美需求。

四、价值意义

20 世纪 30 年代，在中国共产党领导下的延安吸引了从世界各地赶来的爱国青年们，大家为了共同的信仰与当地的村民同生活共劳作，开展文艺创作，让抗战的号角在宝塔山下和延河之畔吹响。今天，上海芭蕾舞团的演员们为了在新时代的舞台上讲述这段令人热血沸腾的红色历史，克服伤痛、疲劳和疾病，放弃节假日，奋战在排练厅和剧场，以期感染更多当代青年，坚定理想与信仰。

上海芭蕾舞团团长辛丽丽表示："延安是中国革命的圣地，也是中国文艺的圣地，用海派芭蕾讲述延安故事，用文艺致敬延安精神，意义重大，对主创和演员来说既是一份责任，也是一个挑战。我们满怀敬意，从延安精神中汲取力量，以那个时代的文艺青年为切入点，描绘他们追随信仰，为共产主义事业奉献青春、坚守初心的故事，我想舞剧中文艺青年们朝气蓬勃的精神面貌、浪漫的革命情怀和扎根人民、艰苦奋斗的时代热情，一定能引起广大当代青年的共鸣，厚植爱国情怀，激发奋进力量。"

谈到对角色的理解，上海芭蕾舞团首席演员、一级演员、男主角明华的饰演者吴虎生说道："我想我代表的是一个群体，是千千万万在民族危亡的时刻，肩负使命感和责任感的爱国青年，尽管在时空上我们相距甚远，但在舞台上演绎明华这一角色时我和他们是一体的。"

五、前期准备情况

芭蕾舞剧《宝塔山》的主创及主演团队集结了中国舞台艺术创作以及芭蕾演出团队的中坚力量。上海芭蕾舞团团长辛丽丽担任制作人、艺术总监；中国舞蹈家协会分党组书记、副主席兼秘书长罗斌（铁涵）担任编剧；北京舞蹈学院附中原实习教研室主任、东北师范大学音乐舞蹈学院客席教授、一级编导刘立功担任总导演、总策划；音乐总监由作曲家、音乐制作人孟可担任，他曾为《琅琊榜》《伪装者》《甄嬛传》等多部电视剧配乐；舞台设计总监由北京舞蹈学院艺术设计系主任、一级舞美设计师韩春启担任；上海芭蕾舞团首席演员、一级演员吴虎生饰演男主角明华，上海芭蕾舞团主要演员、一级演员戚冰雪饰演女主角梦安。

该剧自建组以来，主创团队先后10余次召开创作会议，2020年底，前往陕西省延安市和榆林市进行采风，先后参观走访了枣园革命旧址、杨家岭革命旧址、延安革命纪念馆、宝塔山、延安鲁艺旧址及延安文艺纪念馆等，观看红色主题秀《延安 延安》和舞台剧《延安保育院》。同时，主创团队与榆林市文学艺术界联合会的相关人员座谈交流，就榆林的革命历史和舞剧的音乐创作展开讨论，并收集了大量一手资料，对特定历史时期的自然环境、建筑风格、人物形象、生活方式、服饰特点等有了更准确的把握，为后期创作打下坚实基础。

六、保障条件

上海芭蕾舞团作为上海市国有文艺院团，有着优秀的芭蕾演员队伍，以及舞美制作、宣传营销团队，日常运营得到财政部门资金预算的有力保驾护航，确保项目从项目策划、孵化到排练、制作直至正式演出，都能够高质量完成。

在创作方面，2022年，上海芭蕾舞团将邀请编导刘立功及其他主创成员对该剧进行新一轮的打磨，通过坚实的事件和强烈的戏剧冲突，丰满剧中人物特别是男女主角的形象，强化人物关系的戏剧性，充实人物的行为动机，合理化人物的成长、转变等。在舞蹈语汇上则体现出更多的丰富性，着重于在延安秧歌和芭蕾语汇的融合方面延伸出具有表现力的、独特性的语汇，进一步提升舞段的可看性，充分展现创作团队的专业水准。

在经费使用方面，上海芭蕾舞团将严格遵守法律法规、国家艺术基金相关财务制度要求和本单位各项内控制度，专款专用，按照政府采购流程的相关要求，按程序审批，避免出现违规违纪现象。

在演出计划方面，芭蕾舞剧《宝塔山》计划在2021年作为“第37届上海之春国际音乐节”重要参演剧目在上海大剧院首演，2022年在上海国际舞蹈中心大剧场演出，并陆续开启国内巡演。

《宝塔山》剧照 2

七、实施计划

（一）创作生产

实施日期：2022 年 1 月 1 日至 4 月 30 日。

在毛主席《在延安文艺座谈会上的讲话》发表 80 周年之际，上海芭蕾舞团将该剧的排练演出列为本团重点工作。邀请主创团队对舞剧结构、部分舞段以及部分装置道具、服饰等进行重新创作及修改。

（二）剧目演出

首演日期：2022 年 7 月 26 日。

2022 年 7 月 26—27 日，江苏太仓大剧院演出 2 场。

后续计划在上海国际舞蹈中心、上海松江云间剧院等剧场演出。

（三）结项验收

结项日期：2022 年 12 月 31 日。

全年完成 10—15 场演出（含学生及公益场），约 2 万名观众走进剧场观看演出。联系《人民日报》《光明日报》等中央媒体和《文汇报》《上海日报》等本地主流媒体宣传报道。

（四）持续演出

进一步打磨该作品，计划将舞剧带回故事发源地延安，送进田间地头，送进革命老区，不断弘扬伟大的建党精神和延安精神，也激励当代文艺工作者追随革命足迹，坚守文艺初心，不断攀登艺术高峰，打造上海红色文化名片。

专家点评

该作品用芭蕾舞种独有的表现形式回应时代提出的精神命题，通过具有象征性、代表性的舞段，追述共产党人的激烈壮怀，描摹信仰的伟大力量。该作品用温文尔雅的芭蕾舞种来表现激昂壮阔的红色历史，是非常新颖的一种结合方式，带给观众视觉上“柔中带刚”的冲击也是无比震撼的。

交响乐《古格幻想》

西藏自治区歌舞团

2020 年度大型舞台剧和作品创作资助项目

交响乐《古格幻想》

西藏自治区歌舞团

2020 年度大型舞台剧和作品创作资助项目

一、主题思想

为深入学习贯彻习近平总书记文艺工作座谈会重要讲话精神及党的十九大精神，把西藏打造成中华民族特色文化保护地，建设成全国传统文化示范区，结合西藏文化和旅游丰富的资源优势，以文化为载体，以旅游为依托，推进文化和旅游深度融合，打造“地球第三极”旅游胜地——“天上阿里”。根据阿里古格王朝遗址的相关定位，创作一部以古格王朝历史为素材的交响音乐作品，通过作品提高阿里象雄古域及古格王朝遗址的国际知名度和影响力，带动阿里地区及西藏各地旅游的发展繁荣。

《古格幻想》海报

二、内容简介

古格王朝由吐蕃王族后裔吉德尼玛衮于10世纪中叶建立，并于17世纪陨落，历时700多年。古格王朝覆灭以后，其城堡等一夜消失，只留下了遗址，分布在阿里札达县境内。据传古格王朝全盛时期人口达10万以上，冶金、陶瓷、纺织、木工等方面十分发达。同时，作为当时西藏西部重要的文化中心，与中原及周边国家、地区有密切的交往和联系。古格王朝高度文明的发展和消失既是历史学的重要课题，也为艺术创作提供了良好的题材和素材。

交响乐《古格幻想》是一部以古格王朝兴衰为题材创作的交响曲，拟采用双管编制加合唱的方式，总时长80分钟左右。交响乐《古格幻想》由序曲和5个乐章组成，分别是序曲“古格抒怀”、第一乐章“王朝史诗”、第二乐章“都城札不让”、第三乐章“噶益节”、第四乐章“决战”、第五乐章“涅槃与新生”。乐章采用倒叙模式，面对现实对象展开历史幻想，整部作品的风格集史诗性、抒情性、叙述性和戏剧性于一身。

（一）序曲“古格抒怀”

序曲是对古格王朝遗址的遐想，目的是做形象与情绪的导入，其中包含两个主题：战争和怀古。通过性格变奏形成具有不同角色的新主题，战争主题强调音响形态与节奏，怀古主题强调旋律流畅，配器手法兼顾抒情性和叙述性，并尝试戏剧性发挥。曲式采用快—慢—快三部结构，时长约 6 分钟。

（二）第一乐章“王朝史诗”

本乐章对古格王朝的沧桑历史展开浪漫的描绘，重点围绕吐蕃王朝的内乱、吐蕃后裔的逃难与迁徙以及阿里地区建立古格王朝 3 个事件，整个过程艰辛而悲壮。主部主题强调戏剧性，象征内战的激烈场景，副部主题强调抒情性，描绘情感。整个乐章采用纯管弦乐配器，时长约 18 分钟。

（三）第二乐章“都城札不让”

本乐章将表现古格王朝的都城札布让——现存规模最大的古格王朝遗址，着重描绘建筑的外部形态、气势和内部壁画，都城依山而建，结构复杂，气势雄伟。曲式结构采用大型回旋曲式，时长约 12 分钟。

（四）第三乐章“噶益节”

本乐章通过描写噶益节的盛况来表现古格王朝的繁荣。曲式结构采用大型复二部曲式，第一部分表现古格王朝文化与风俗的“歌”，第二部分表现古格王朝的“舞”（宣舞等），时长约 17 分钟。

（五）第四乐章“决战”

本乐章是对古格王朝与入侵者的战争进行描绘，是整部作品的高潮，拟采用大型奏鸣曲式，慢—快的格局（长大的慢板与长大的快板对置），时长约 25 分钟。

（六）第五乐章“涅槃与新生”

本乐章是对古格王朝陨落的感叹与反思，采用长大的慢板，音乐风格以庄重、崇高、悲凉与神秘为主，时长约 8 分钟。

三、艺术特色

借鉴和吸收传统民间音乐“宣”和“卡尔”的音乐素材，用交响乐的创作手法，还原西藏特色的音乐，创新交响乐的音色及音乐语言，保持作品的地方特色和风格。以第一、第三和第四乐章为例。

第一乐章采用史诗性的交响语言进行表达，音乐风格以庄严、悲壮、崇高、宽广、宏大为主，具体结构采用大型奏鸣曲式，由长大缓慢的引子加呈示部，激烈宏大的展开部，再现部加长大的寂静尾声组成，突出象征性表达。

第三乐章描写的噶益节是西藏阿里地区的传统节日，节日期间，人们穿上盛装跳起宣舞、卡尔乐，唱起古老的歌谣，载歌载舞祈祷风调雨顺。宣舞最早可以追溯到 3000 多年前的古象雄王朝时期，在古格王朝遗址的壁画上也有宣舞的记载。表现“歌”的第一部分，首部与再现部表现西藏的民间音乐，将从锅庄、弦子、牧歌、堆谐、热巴等民间音乐中提炼素材，对其进行结构对置，塑造载歌载舞的民间歌舞场面；中部主要描绘宫廷歌舞，拟从囊玛等传统音乐中提炼素材，采用囊玛最核心的音调创作，塑造端庄、典雅、华丽的宫廷场面。音乐设计方面，首部与再现部采用管弦乐整体打击乐化与合唱的对抗，将各乐器组设计成不同的节奏层次，纵横呼应，制造出多层节奏对位的效果，再与合唱形成强烈的对抗；中部突出线条与色彩，

《古格幻想》现场演出照

运用固定曲调变奏的手法集中展示囊玛的基本特征与核心音调。表现“舞”的第二部分，采用复二部曲式，用纯管弦乐表现盛大的舞蹈场面。

第四乐章用铜管模仿战斗的号角，打击乐模仿当战争来临时宫廷里的场面。激烈、神秘、厚重、宏大、苍凉与悲壮为主要风格，配器方面采用管弦乐加合唱的形式。

四、价值意义

申报本项目有利于促进西藏管弦乐发展的创作实践，以探索民族音乐交响化和交响音乐本土化的创作理念和模式为目标，让交响乐民族化、民族音乐交响化，促进西藏文艺创作繁荣发展。

同时本项目也致力于探索文化和旅游融合模式，通过作品推广、扩大阿里古格王朝遗址的世界知名度和文化影响力，进一步树立和突出各民族共享的中华文化符号和中华民族形象，助力打造具有影响力的西藏文化旅游品牌，提升西藏旅游产业的文化内涵。

五、前期准备情况

（一）收集资料

前期到阿里采风，并从西藏图书馆、西藏自治区民族艺术研究所等机构收集整理关于古格王朝的相关历史资料、当地传统民间音乐素材等，同时走访藏族民间音乐家及非遗传承人，把握西藏阿里地区的民间音乐风格。

（二）完成小样

根据收集整理的相关音乐素材和历史文献资料，主创团队结合自身优势，对作品结构进行了整体设计，并完成序曲和第三乐章作曲初稿及制作小样。

六、保障条件

为保障项目高质量完成，西藏自治区歌舞团高度重视，把本项目作为创作重点任务安排布置，协调相关部门配合开展工作，组织专家召开研讨会，不断打磨提升作品质量。主创人员根据自身职责分工合作，结合项目各阶段的进展情况，计划在自治区进行首演，并积极和四川省沟通联系，确保顺利完成演出场次。

七、实施计划

（一）创作生产

实施日期：2020 年 1 月 1 日至 5 月 31 日。

2020 年 2 月前，赴西藏阿里古格王朝遗址采风，收集西藏各地的传统音乐素材。

2020 年 3—4 月，整理采风素材。

2020 年 4—5 月，创作交响乐《古格幻想》完整的第一稿。

（二）剧目演出

首演日期：2020 年 6 月 1 日。

预计演出 10 场，分别拟在西藏演出 2 场，北京、浙江、四川、重庆、云南、贵州等地演出 8 场。首演拟在西藏自治区藏剧团藏戏艺术中心进行，并召开专家研讨会。计划参加西藏文化艺术节展演活动，并计划与其他省区的交响乐团合作演出。

（三）结项验收

结项日期：2020 年 11 月 30 日。

保质保量完成演出，做好相关资料的收集整理和财务审计，完成结项任务。

（四）持续演出

进一步打磨作品，提升作品质量，在西藏地区持续演出并广泛宣传。同时争取相关部门的专项经费，到周边省区巡演，不断扩大作品的影响力和知名度，力争打造具有西藏地区民族特色的优秀文艺精品。

专家点评

该作品以交响乐的形式为听众带来了一场跨越千年的历史回响，利用交响乐来叙述历史故事并不是一件容易的事，但该作品恰恰将各乐器的功能、特色完全利用发挥，使观众可以更好地对作品进行理解。该作品中还加入了扎念琴、达玛鼓、鹰笛等西藏地区的传统乐器，更好地使作品质量得到升华。

情景交响合唱《兵团颂》

河南歌舞演艺集团有限责任公司

2020 年度大型舞台剧和作品创作资助项目

情景交响合唱《兵团颂》

河南歌舞演艺集团有限责任公司

2020 年度大型舞台剧和作品创作资助项目

一、主题思想

“特别能吃苦、特别能战斗、特别能忍耐、特别能奉献”的兵团精神，源于中国革命、建设和改革的厚重历史，根植于兵团屯垦戍边事业的伟大实践，在今天仍有着突出的现实意义。习近平总书记指出：“兵团的历史贡献是不可磨灭的，兵团的战略作用是不可替代的。”《兵团颂》是一部情景交响合唱，展现了兵团在推动新疆发展、增进民族团结、维护社会稳定、巩固国家边防等方面作出的不可磨灭的贡献，歌颂了兵团人在峥嵘岁月中所铸就的以“热爱祖国、无私奉献、艰苦创业、开拓进取”为主要内涵的兵团精神。

《兵团颂》现场演出照

二、内容简介

作品以兵团十三师为故事背景，以河南与新疆兵团之间深厚独特的情感联系作为着墨点，以一位援疆干部与第一代兵团老战士的对话作为戏剧情景串联主线，展现出十万大军挺进新疆，屯垦戍边、艰苦奋斗、无私奉献，让瀚海通大道、荒漠变良田、戈壁建新城的波澜壮阔的历史画卷。

管弦乐《兵团往事》作为序曲拉开演出帷幕，通过光荣岁月、无悔人生、千古传奇、永恒信念四个乐章，以《凯歌进新疆》《毛主席的战士最听党的话》《第一犁》《草原之夜》《送你一束沙枣花》《我们的母亲》《夺标》《摘棉花》《边疆处处赛江南》《十三连》《兵团的心》《援疆岁月》《民族团结一家亲》等节目再现兵团先辈们进军新疆、屯垦戍边、生产建设、对口援疆等不同历史时期的奋斗历史，最后以大业千秋作为尾声闭幕。

三、艺术特色

一是借助交响思维与艺术品质，充分展现兵团的整体气概，同时通过情景组合，丰富交响合唱的艺术魅力和文化蕴涵。《兵团颂》由合唱、领唱、独唱、表演唱、乐队与场景表演，以及舞蹈等多种舞台表演样式共同构成。它将兵团的生活细节呈现于舞台，将兵团人的情感心理融会于歌词与音乐的旋律中，通过戏剧性手段，在舞台上构建出兵团生活的一系列独特空间。形态比较新颖，有动感、有人物、有情节，内涵丰富，富有观赏性。

二是借用、化用、活用兵团老歌。新疆生产建设兵团在开发边疆、保卫边疆、建设边疆的同时，还在繁荣社会主义文化特别是军垦文化方面作出了很大贡献，创作并演出了一批优秀的音乐作品。我们将挑选一些广为流传、大家耳熟能详的经典兵团音乐重新编配，使其融入剧中，渲染浓郁的兵团精神和边疆风情。

三是进一步深挖兵团元素、新疆元素。兵团元素和新疆元素在当前的兵团音乐中得到了较为充分的体现，但从兵团以外的视角对兵团生活进行深入挖掘的还比较少。我们试图寻找在原先的兵团音乐中尚未触及的兵团精神、兵团故事，以丰富兵团音乐的表现内容，拓展兵团精神的文化内涵。

四是融入河南元素。兵团人来自五湖四海，兵团文化体现了五湖四海的文化元素，而河南元素在其中尤为亮眼。河南文化在兵团有着深深的印迹，目前在新疆生产建设兵团中，河南话是不少地方的“第二官方语言”。将中原元素与新疆元素融会在一起，体现了边疆与内陆的紧密联系与深厚感情，丰富了兵团音乐表现形式。

五是跨界融合。《兵团颂》在演出的形式上充分体现出艺术的跨界融合。不仅在舞台上将各类演出元素和谐而艺术地融合展现，更具创新意义的是利用大屏的展现，将原有舞台三维画面中的元素更加紧密地联系到一起，构成一个更具冲击力的震撼画面。

四、价值意义

一是颂扬伟大兵团精神。新疆生产建设兵团在长期的艰苦卓绝的奋斗中，形成了一种独特的精神气质，形成了一种令人敬仰的精神高度，形成了一种博大宽广的伟大胸怀。伟大的兵团精神是中华民族当代精神的重要组成部分，是实现中华民族伟大复兴的强大精神力量。

二是歌颂英雄，弘扬主旋律。英雄是民族最闪亮的坐标，我们要用浓墨重彩记录英雄、塑造英雄，让英雄在文艺作品中得到传扬。新疆生产建设兵团作为一个群体，是西北夜空里最闪耀的英雄之星。抒写兵团儿女，正是弘扬崇高理想和英雄气概，奏响了时代之声、爱国之声、人民之声。

三是民族合唱音乐的新探索。尝试用构思精妙的主题发展手法、与叙事情节相得益彰的曲式结构、多样化的和声语言、豫剧风格浓郁的合唱织体，创作出具有中国特色、中国风格、中国气派的艺术精品，对民族交响合唱的发展作出有益的探索。

五、前期准备情况

为了创作出贴近现实、富有内涵、极具艺术感染力的优秀作品，集团两次组织艺术家到新疆生产建设兵团深入实践、体验生活，在此基础上，完成了情景脚本与艺术构思，并多次召开专家研讨会进行论证完善。主创团队方面，由编导王冰担任编剧及情景设计，作曲家张一兵担任作曲，曾担任汤沐海先生助理指挥的孙莹担任指挥，雍贺轩担任舞美设计，梁华勋担任服装设计，他们是河南省一线的艺术家，有着丰富的创作经验，目前已经完成了各自的创意构思以及前期准备工作。

表演团队方面，将由河南歌舞演艺集团下辖河南交响乐团、河南省歌剧团排演，作为河南省的省属乐团，有充分的实力圆满地完成演出任务。

财务方面，目前已经完成财务预算编制，将严格控制经费支出。

六、保障条件

河南歌舞演艺集团是由原河南省歌舞剧院基础上整体转企改制后组建的国有独资公司，为河南省实施重大文化产业项目培育壮大的十大文化企业集团之一，是目前河南省最大的综合性演艺集团。集团下设河南交响乐团、河南民族乐团、河南省歌剧团、河南省舞蹈团、河南省曲艺团、河南省木偶剧团 6 个艺术表演团体。集团含艺术创作、演出推广、艺术培训 3 个中心和 1 家舞美公司。集团在艺术创作上有着较为雄厚的实力与积淀，为本剧的创作提供了强大的组织保障。

近年来，集团先后出品了歌剧《木兰诗篇》、方言话剧《老汤》等原创艺术精品，赢得了市场以及专家的高度认可，在社会上引起热烈的反响。尤其 2013 年推出的交响合唱《朝阳沟》，将传唱了半个世纪的现代豫剧经典之作《朝阳沟》以崭新的形式推出，以交响乐的结构方式对原作经典唱段及音乐片段进行了整合改编，呈现出一种中西交融、具有现代气息的艺术形式，全方位、立体式地重塑了新时期“朝阳沟精神”。交响合唱《朝阳沟》也为情景交响合唱《兵团颂》的创作积累了丰厚的实践经验，集团将在此基础上进一步开拓，用独特的艺术形式唱响兵团精神的时代旋律。

七、实施计划

（一）创作生产

实施日期：2020 年 2 月 1 日至 8 月 31 日。

进行创作生产，完成情景编排、音乐创作，完成舞美、服装、道具的设计和制作。

集合表演团队开始演出排练，在排演实践中不断完善提升。

（二）剧目演出

首演日期：2020 年 7 月 1 日。

2020 年 7 月 1 日，大型情景交响合唱《兵团颂》在河南省人民会堂首演。

2020 年 7 月至 8 月，在新疆维吾尔自治区哈密市和河南省郑州市、平顶山市等演出 15 场，并组织线上演播。

（三）结项验收

结项日期：2020 年 10 月 31 日。

确保圆满完成演出任务，并获得良好的社会效益。

（四）持续演出

响应中央“文化润疆”工程，计划在新疆开展巡演，并组织两支由艺术名家组成的文艺表演小分队，分赴基层团场、乡镇开展多场文艺演出活动。

专家点评

情景合唱是一种通过多人合唱来表达情感和创造氛围的音乐形式，而“兵团精神”的核心就是热爱祖国。通过多人声合唱的庞大音乐力量来衬托伟大祖国的宏图伟业是一种非常恰当的手法。该作品内涵丰富，贴近现实，舞台感染力强，构思巧妙。利用舞台大屏展示三维画面元素的设计也恰到好处，给观者留下不小的震撼及回味。

舞台艺术创作资助项目

舞台艺术创作资助项目，资助坚持以习近平新时代中国特色社会主义思想为指导，全面贯彻落实党的二十大精神，深入学习贯彻习近平文化思想，坚持为人民服务、为社会主义服务，坚持百花齐放、百家争鸣，坚持创造性转化、创新性发展，围绕举旗帜、聚民心、育新人、兴文化、展形象建设社会主义文化强国，以社会主义核心价值观为引领，发展社会主义先进文化，弘扬革命文化，传承中华优秀传统文化，自觉提升艺术创作的精神能量、文化内涵、艺术价值，凝聚文艺原创能力，坚持以人民为中心的创作导向，推出更多经得起人民检验和评判，立得住、留得下、传得开，满足人民文化需求和增强人民精神力量的优秀舞台艺术作品。

重点资助坚定文化自信，紧扣时代脉搏，自觉承担起记录新时代、书写新时代、讴歌新时代的使命，抒写中国人民奋斗之志、创造之力、发展之果，用心用情用力展示新时代新征程恢弘气象的重大现实题材作品，特别是当代题材作品；资助坚定历史自信，增强历史主动，秉承正确的历史观，把握历史进程和时代大势，反映中华民族的千年巨变，弘扬伟大建党精神，弘扬以爱国主义为核心的民族精神和以改革创新为核心的时代精神，唱响昂扬的时代主旋律的作品；资助坚守中华文化立场，提炼展示中华文明精神标识和文化精髓，坚持守正创新，传承中华优秀传统文化，把马克思主义思想精髓同中华优秀传统文化精华贯通起来，把艺术创造力和中华文化价值融合起来，把中华美学精神和当代审美追求结合起来，赋予其时代内涵和价值的作品。

第二部分

小型剧（节）目
和作品创作资助项目

独幕剧《为了那一江净水》

广东工业大学

2023 年度小型剧（节）目和作品创作资助项目

独幕剧《为了那一江净水》

广东工业大学

2023 年度小型剧（节）目和作品创作资助项目

《为了那一江净水》是由广东工业大学创作演出的独幕剧。本剧紧扣“讴歌时代精神”“构建人类命运共同体”的创作理念，以当代城市发展中面临的净水节水故事为主线，以广州地区 30 年的净水奋斗历程为主轴，通过艺术的影响力来提升全民“环境保护、生态文明”的意识，以独幕剧为创作载体进行的一次倾情创作与创新呈现。

本剧于 2021 年 12 月 28 日在广州市天河区文化馆大剧场成功首演，所拍摄完成的短片在珠江边滚动播出，在传递“人类命运共同体”和“生态文明建设”理念的同时，让更多民众近距离感受艺术作品魅力，从而引起对文明发展的反思。

为了更进一步传递文化艺术理念，讴歌时代精神，助力全民美育氛围的形成，广东工业大学特以此申报“国家艺术基金 2023 年度小型剧（节）目和作品创作资

《为了那一江净水》剧照 1

助项目”，并对该剧进行升级版的编排，待打磨提升后进行持续展演。

一、主题思想

习近平总书记在党的十九大报告中指出，各国人民同心协力，构建人类命运共同体，要坚持环境友好，合作应对气候变化，保护好人类赖以生存的地球家园。

水是生命的源泉，是生态文明的重要载体。该剧将传统文化艺术与富有地域特色的市井民情进行有机融合，并通过寓言的艺术呈现方式进行了展演，以艺术化创作为手段，贯穿时间与空间，讲述了勇于担当的新时代一线工作人员在珠江净水事业方面的艰辛付出与收获，发掘了传统文化艺术的潜力，展现了当代国民奋斗的时代风貌，完成了传统文化艺术在时代背景下的创新表达。同时，本剧立意深刻、发

《为了那一江净水》剧照 2

《为了那一江净水》剧照 3

人深省，在欣赏艺术作品的同时引发了大众对节水、净水的认识，进一步唤起民众对于“人类命运共同体”的关注，实现了艺术创作与生态文明理念的有机融合和有效触达。

二、内容简介

本剧在创作过程中以“寓言体”的叙事方式，设计了 5 个“跨界角色”。剧中工作人员对应着新时代的劳动者，鱼爷爷、水姑娘、鹭哥哥和俏师奶对应着人民群众。通过整个“水生态”间不同角色的对话，多元化地融入不同艺术形式，从“水生态”循环链中的建设者、生存者、体验者和受益者分别入手，更细致、有感染力地传递广州净水 30 年间的感人故事，对我国当代劳动者的现实风貌进行了讴歌，展现了一曲新时代的南派《龙须沟》。

在本剧中，5个不同角色从各自角度与身处环境和利益相关点出发，展开并完成了一场关于去与留、喜与忧、疑与赞的戏剧时空之旅，传递了“节水、净水，促进城市绿色发展”的理念，以小见大，由点及面，展现时代风貌和一线工作人员苦心钻研的精神，诠释了“人类命运共同体”的大故事。在发人深省的同时，更在潜移默化之间输出了戏剧文化，满足了当代人民对于艺术的追求，实现了传统文化技艺在当代背景下的深度诠释。

三、艺术特色

（一）现实与浪漫结合

本剧运用了现实主义与浪漫主义相结合的经典创作方法，创新实现了跨越时空的高效叙事，既展现了传统舞台剧作的魅力，又体现了当代城市的市井民情，达到了“阳春白雪”和“下里巴人”的高效融合，老少咸宜、雅俗共赏，能引起共情，有助于艺术在更大范围的传播。

（二）传统与当代荟萃

本剧容纳了“生旦净丑”各色各等男女老少，并以时尚多元的表演风格展示出一幅“人水鱼鸟”的四维视角画面，艺术地表现了人与自然的心灵对话。同时，在音乐运用上，除当代流行艺术外，更融入了极具广府音乐特点的“数白榄”（“白榄”，是一种广东凉果。以前艺人沿街卖唱，有的会一边卖白榄一边说唱押韵的唱词以招揽生意，久而久之就成了一种民间曲艺，叫“数白榄”，又叫数板，属于说白的一种。数白榄节奏明快，语调诙谐，押入声韵，短促有力），极富戏剧性的同时，也让传统文化艺术在新时代新背景下焕发了新生机，值得期待。

（三）歌舞诗乐融合演绎

本剧作为独幕剧，在演绎过程中融入了戏剧、诗歌、音乐等多重表演元素，同时汇集古今表演形式，实现了艺术穿越时空、跨越形式的荟萃演绎，是传统文化与当代艺术的碰撞融合，兼具双重艺术特征。

（四）以表演艺术讲述当代故事

本剧以创新的寓言独幕剧为表现形式，展现了当代一线工作人员的奋斗历程。“老瓶装新酒”，以古典的形式讴歌时代精神，并唤醒了大众对于“人类命运共同体”的感知与感受，实现了时代文化与传统艺术的高效结合。

四、价值意义

本剧实现了对传统文化艺术的现代化演绎，灵活统筹了古典艺术爱好者的审美与当代欣赏习惯的需求，达到了两者的和谐统一，因此能在“润物细无声”中弘扬和传递文化艺术理念和时代精神。

本剧由广东工业大学主创，并邀请到了净水一线企业参与，广州市净水的一线工程师和专家们为本剧的真实性和穿透力进行了背书，实现了对于“人类命运共同体”的深度解读和对于当代国人奋进精神的讴歌，让展演效果更加深入人心。

整体剧作立意高远、脉络清晰，形式多变创新、叙事内容完善，实现了艺术性与观赏性的和谐统一。

本剧通过现场展演、线上宣传等形式，充分发挥了文艺工作者在表现新时代、讴歌新时代中的引领作用，利用文化艺术这一武器，推广了当代先进经验，助力节水、净水、护水、惜水良好风尚形成，为促进高质量发展和构建“人类命运共同体”作出贡献！

五、实施计划

（一）2023 年上半年

完成剧本、音乐、舞美以及服装道具方面的升级，组织专家审查论证。

（二）2023 年 8 月

拟于天河区文化馆剧场面向社会进行文化惠民演出，计划通过定向邀约和媒体传播等方式，邀请社会各阶层的民众进行现场观演，同时将演出实况全程录像。

（三）2023 年 9—11 月

将整剧制作成新媒体短视频等内容，在全网进行多轮次传播，以达到最大的公益性效果。

（四）2023 年 12 月

申请结项，并计划于 2024 年开展多轮惠民演出。

专家点评

该作品立足本土，具有浓郁的地域特色，围绕水治理这一主题，反映现实生活，揭示生态文明的意义，体现新时代精神，具有鲜明的时代感和现实性。

舞台呈现上有形式感，舞美简洁而贴合主题，表现手段丰富，元素呈现多样，不拘一格，生动活泼，是一部观赏性较高的优秀作品。

群舞《阳光下的麦盖提》

新疆艺术学院

2023 年度小型剧（节）目和作品创作资助项目

群舞《阳光下的麦盖提》

新疆艺术学院

2023 年度小型剧（节）目和作品创作资助项目

一、主题思想

作品《阳光下的麦盖提》表现今天的新疆在党中央的亲切关怀和兄弟省市的无私支援下，在新疆各族干部群众的艰苦奋斗下，谱写“文化润疆”、乡村振兴、民族团结的新篇章，反映了人民幸福生活的满足感与当下美好生活的新气象。

二、内容简介

作品《阳光下的麦盖提》首先由编导参加中国舞蹈家协会“深入生活、扎根人民”采风创作活动团队赴南疆麦盖提实地采风调研，看到了如今麦盖提的生活环境

《阳光下的麦盖提》剧照 1

和人民生活的变化有了深切的感受，进而产生了此次创作的契机。如今的麦盖提不再是大众印象里漫天黄沙下的恶劣环境，而是绿荫萦绕、草木繁盛的温和之地；人民的脸上不再有曾经与沙漠抗争而产生的苍凉，而是在新生活中，每个人脸上由内而外所洋溢出的幸福感。

其次，采风中编者还对以下四点感触深刻，并将其内容全部用在《阳光下的麦盖提》的创作之中。

（一）随处可见的幸福感

喀什地区的广场上随处可以看见晒太阳的人，这听上去似乎没什么特别，因为晒太阳本就是一件再普通不过的事，可是当编者看见晒太阳的人成为群像时感到震惊。起初还以为当地正在举办某活动，但上前一问才知道他们就是在单纯地晒太阳。这群可爱的人有的在聊天，有的在瞭望远处，有的在做着手中的活儿，有的就是静

《阳光下的麦盖提》剧照 2

静地呆坐着。虽然什么都没干，但是脸上完全洋溢着在今天党的领导和国家的关怀下，人民生活的满足感和幸福感。所以在作品的一开始，编者用了一排凳子这个形式来再现这种人民在阳光下怡然自得的幸福感和满足感。

（二）为我们表演的麦盖提当地乐队

麦盖提县的乐队为我们演奏了《刀郎麦西莱甫》（刀郎地区人们聚会时的演出），在观看时，编者注意着每一个人的状态。他们表演中那种忘我、富足的状态绝对不是“演”出来的。编者认为这就是他们的生活。这种生活也一定来源于他们今天的和谐与幸福，才能让他们把生活状态与表演形式相互交融，展现自娱自乐、精神富足的民间舞蹈精神。

编者将乐队演奏的这个形式用在了作品的第四段，虚拟了打鼓的动作，保留了“坐着打鼓”和“站着歌唱舞蹈”的形式，表现今天新疆人民在足够安定和谐幸福的生活下才能产生的自娱自乐、精神富足的风貌和状态。

（三）援疆工作

援疆工作自启动以来，特别是第三次中央新疆工作座谈会召开以来，在祖国西北166万平方公里的土地上，援疆潮涌，奔流激荡。对口援疆以其前所未有的速度、力度、广度，深刻改变着“三山两盆”的样貌，为“奋力奔跑”的新疆加力赋能。麦盖提县不只是新疆文联的驻村点、支教点，也是山东对口的援疆点。在山东亲友的热情帮助下，麦盖提当地人民的生活、经济、社会发展都有了很大的改善，当地人民和山东人民就像兄弟一般，互帮互助，亲如一家。

编者将这个内容放在了作品的第三段，将新疆的驻村干部与山东援疆干部的形象融合，塑造了今天在党的领导下为人民服务的干部形象，也就是大家所说的“白衬衣”，表现驻村干部与当地人民这种互帮互助、亲如一家的情感。

（四）新疆维吾尔族男人的幽默感

在麦盖提跳舞的那天，以及去往麦盖提县的路上，都让我们印象深刻。我们原本素不相识，但是他们看见我们以后好客的热情从心中迸涌而出，盛情邀请我们共同舞蹈，用幽默的表情和动作逗我们开心。编者相信这种“好客”一样不是演出来的，只有真的生活幸福、长期和谐稳定才会使当地的人民发自内心地产生这种“幽默”。

所以，编者也将这个印象用在作品中，用艺术的方式再现新疆少数民族男人的幽默，从而表现其背后的人民幸福、社会和谐稳定。

三、艺术特色

作品《阳光下的麦盖提》运用了新疆地区刀郎舞的元素，在传统舞蹈中融入现代性编创理念，表现今天新疆人民的生活现状。该作品既有中华文化的瑰宝刀郎舞的热情奔放、刚劲有力，又融合了山东鼓子秧歌的粗犷豪放。新疆人民的现代生活与援疆干部“访惠聚”驻村工作情景交融，在保留传统民间舞蹈风格的同时，被赋予新的时代内涵，描绘出新疆各族人民在党的阳光照耀下的美好生活、时代风貌，充分体现了新疆各民族深度交往交流交融、民族团结一家亲的生动现实，诠释了中华民族共同体的深刻内涵，是“深入生活、扎根人民”的优秀作品，是真实可感、独具特色的民族民间文艺力作。同时，《阳光下的麦盖提》彰显了文艺“深入生活、扎根人民”的艺术真谛，也彰显了“文化润疆”、乡村振兴、民族团结的新篇章，以及新疆各族人民和谐的幸福生活。

四、价值意义

作品《阳光下的麦盖提》以98.50分的全场最高分，获得了第十三届中国舞蹈“荷花奖”民族民间舞金奖。这部作品是民族融合的艺术表现，是“文化润疆”的具体实践，更是党的关怀的生动演绎。

五、实施计划

（一）2023年1—2月，制订排练及演出计划。

（二）2023年3—5月，进行演员更换、舞蹈作品复排及音乐服装等方面的微调。

（三）2023年6—8月，完成自治区重要演出任务，如自治区文联成立70周年、康巴尔汗先生100周年诞辰重要纪念活动等，并通过定向邀约和媒体传播方式向社会各界进行宣传。

（四）2023年9—10月，完成自治区优秀作品高校巡演任务。

（五）2023年11—12月，完成相关媒体文字及视频宣传材料整理及结项相关材料整理。

（六）2023年12月底，申请结项，并计划于2024年继续开展演出。

《阳光下的麦盖提》剧照 3

专家点评

该作品聚焦“文化润疆”，以新疆人民的美好生活作为出发点，从四个角度表现了新疆各民族深度交往交流交融、民族团结一家亲的生动现实，生动展现了一幅新疆人民当下美好生活的画面。编者在创作过程中，真正做到了“深入生活、扎根人民”，将编者自身的所见、所思、所想、所感用舞蹈的方式展现出来，饱含了编者对新疆地区、新疆人民的真挚情感。

湖北小曲《党员》

武汉说唱团有限责任公司

2023 年度小型剧（节）目和作品创作资助项目

湖北小曲《党员》

武汉说唱团有限责任公司

2023 年度小型剧（节）目和作品创作资助项目

一、主题思想

湖北小曲《党员》讲述了我们中国第一位跳伞次数最多、实时跳伞年龄最大的女兵马旭老人的故事。她 14 岁离家上战场，参加过辽沈战役、抗美援朝，后来成了我国第一位跳伞女兵。曾经的她，为了跳伞放弃了做母亲的机会，为保护伞兵在跳伞过程中不受伤害，她研究创造保护机制，已拥有多项科研成果。2019 年，她荣获感动中国 2018 年度人物和第七届全国道德模范等称号。这位老人一生清贫，却为了家乡的建设，为了家乡的孩子们可以接受良好的教育，她把自己所有的工资、积蓄、科研成果报酬都捐给了她的家乡木兰县。为了凑齐这 1000 万元，她甚至不惜卖掉自己的住所。如今，她住在乡下一间 10 平方米的小平房里，拮据而快乐。

《党员》现场演出照 1

这样的一位老人，才是我们身边应该追捧的明星，是我们心中敬仰的女神，是正能量的传递者，是社会主义核心价值观的践行者。

二、内容简介

89 岁的高龄，75 年的军旅生活，一生戎马，救死扶伤。马旭老人清贫一生，2019 年将自己一生的工资、积蓄、科研成果的报酬捐给了她的家乡，共 1000 万元。

《党员》现场演出照 2

三、艺术特色

湖北小曲是湖北省的曲艺剧种之一。由“汉滩小曲”和“天沔小曲”组成。汉滩小曲又称“汉口滩小曲”“外江小曲”，主要流行于湖北境内的汉口、沙市、宜昌等大中城市，以坐唱折子戏为主。在丰富多彩的说唱音乐曲种中占有重要地位，是一种地方特色浓郁、说唱音乐特点鲜明的时调小曲类说唱音乐。

该节目在内容上是根据真人真事创作而成的，马旭老人将自己一辈子所积蓄的1000万元全部捐给了她的家乡用于脱贫攻坚及教育公益事业。形式上选择了湖北小曲这种曲艺形式，充分发挥了曲艺轻骑兵快捷灵活的优势。小舞台大主题，一人多角，跳进跳出，把整个故事原型活灵活现地搬上了舞台，深受老百姓的喜爱。湖北小曲《党员》用曲艺形式表现现代故事，既宣传了正能量，又弘扬了湖北武汉地方传统文化的精华。

四、价值意义

汉滩小曲（外江丝弦）是联曲体板腔式结构，采用武汉方言坐唱故事情节比较复杂的唱段；天沔小曲（碟子小曲）是单曲体，采用天沔方言敲碟子演唱富有浓郁风土人情的小段。清道光三十年（1850），叶调元在《汉口竹枝词》中有“女唱曰丝弦”“小曲韵叶筝琶，声迟以媚”等注释，可见当时汉口已有艺人演唱丝弦小曲。

湖北小曲传统曲牌有 100 多支，系我国明清俗曲、民歌小调的流传衍变，传统曲目约 200 个，大多来自传奇、杂剧和民间故事，如《抢伞》《秋江》《双下山》等，也有一些风趣通俗的小段，如《小女婿》《放风筝》等。伴奏乐器以四胡为主，还有云板、琵琶、扬琴、笛子等。

20 世纪 60 年代，省、市曾邀宜昌程德蓉，沙市喻义和、张明亮，武汉胡芝山、徐桂林等老艺人传授技艺，培养了一批青年演员，使该曲种有新的发展。如武汉说唱团茅贵娴、周艳琴等演唱的《难忘的一课》获全国曲艺短篇新作一等奖；湖北省曲艺团何忠华演唱的《南包公·选妃》开创了湖北小曲说唱大书的先河，获全国曲艺（南方片）观摩演出表演一等奖；何忠华的学生姚俐玲演唱的湖北小曲《千古知音》《党员》获国家艺术基金资助，演唱的湖北小曲《党员》入选第十二届中国曲艺牡丹奖表演奖。

湖北小曲《党员》这个作品在表演上有明显的突破。首先，一位演员在这个作品中分饰多个角色，每个角色的声口、职业特性、心理活动都有差别。演员需要在唱念之间多重切换，既要讲好故事，又需在演唱中不断强化小曲音乐的感染

《党员》现场演出照 3

力。这就是一个“两手抓”的难活儿。同时，这个节目有说有唱，还有很重要的一个“评”字。这个“评”字既拉近了和观众的距离，又突破了湖北小曲过去单一的抒情或歌颂的形式，让观众眼前一亮。原来湖北小曲除了旋律优美，婉转动听，娓娓道来，也可以紧贴时代，诉说着身边的人和事，具有地域文化的沉淀，是荆楚文化在艺术中的具体体现。

通过湖北小曲这一传统的曲艺表演形式表现时代主题，不但从形式到内容均能展现武汉传统艺术文化的精髓和丰富内涵，更是为了弘扬民族文化，保护和“抢救”音乐遗产，探究传统音乐规律，继承和发展中国传统人文精神。

五、实施计划

（一）2023 年 1—3 月，邀请专家展开研讨，对剧本进行进一步的打磨提升。

（二）2023 年 3—4 月，打磨提升作品中的音乐部分，同时邀请专家对作品从文本到表演再次做全方位指导。

（三）2023 年 5—10 月，作品全面完成修改提高，计划在湖北省内开展多轮演出。

（四）2023 年 12 月，申请结项。

专家点评

湖北小曲是由湖北中部地区流传的明清俚歌俗曲演变而来，主要流行于湖北的汉口、沙市、宜昌等长江沿岸地区。受时代发展影响，其表演艺术手段、音乐创作和创作手法、特色等都面临濒临失传的危险。

该作品赋予濒临失传的这一传统曲种新的生命。生活气息浓郁，地方特色鲜明，演员表演富有个性，语言很接地气，是一部受到人民群众喜爱的作品。以“说”“唱”“评”为主要表现手段，将该作品主人公——马旭老人的伟大形象刻画得生动而有灵性，让每一位观众都真切地感受到马旭老人朴实生活中的不平凡。

室内乐《远与近》

大连大学

2023 年度小型剧（节）目和作品创作资助项目

室内乐《远与近》

大连大学

2023 年度小型剧（节）目和作品创作资助项目

一、主题思想

2020 年初，新冠疫情肆虐大部分国家和地区，这无疑是对人类当今社会的一次巨大考验，人类的傲慢与偏见、自私与无情、善良与无私、勇敢与坚强的本性皆在这场“战疫”中被淋漓尽致地表现出来。在这没有硝烟的“战疫”中涌现出无数的逆行者，肩负着责任与重担逆流而上，义无反顾地奔赴“战疫”。

他们为实现国家富强和人民幸福，前仆后继、浴血奋战，艰苦奋斗、无私奉献。在他们身上充分体现了中国共产党人的坚定信念、拼搏奉献的高尚品质和崇高精神。

党的二十大即将召开，中国共产党进入全面建设社会主义现代化国家、向第

《远与近》现场演出照 1

二个百年奋斗目标进军的新征程。习近平总书记主持召开文艺工作座谈会并发表重要讲话。坚持“双百”方针，坚持创造性转化、创新性发展，增强文化自觉、坚定文化自信，以创作为核心任务，以精品为立身之本，努力推动社会主义文艺的繁荣昌盛。

室内乐作品《远与近》是中央音乐学院作曲系教授、博士研究生导师史付红创作的中国传统民族乐器和西方乐器的混合室内乐作品。《远与近》从不同的角度去审视距离。生者与逝者的距离，仿佛很遥远，遥远到我们看不见那个世界，而这距离又仿佛很近，以至于近在咫尺、触手可及。距离不仅意味着时间与空间、历史与未来、成功与失败、理想与现实，而且意味着形式和内容的对话。心理距离和物理距离的远与近，看似相互对立，实际上存在着微妙的内在逻辑，是一种相反相成的存在。何为真正的“遥远”？不是飞鸟与鱼，一个在天空中翱翔，另一个却深潜在海底，而是同根生长的树杈，相邻不过一尺，却永远无法在风中相依。何为真正的“临近”？不是大海与河流的交汇之处，而是天上的星星与月亮，同是黑夜的灿烂，更是永远筑起了共同的梦想。

世上最近的距离，不是灵魂与肉体的远近，而是生与死的距离，真正的生死从来都是紧紧连在一起。死亡并不是遥远的终点，而是创造了崭新的开始，还有无限的奇迹。也许遗忘才是最遥远的。

从宏观角度来看，远与近的距离有着更大、更广泛的意义与思想。国家与国家之间或远或近的距离，不同民族之间的远与近，不同文化之间的远与近，不同城市之间的远与近，等等。这一概念甚至可以扩大到更广阔的领域，在我们所能想到的从身体到精神再到整个世界，从浩瀚无垠的宇宙空间到无限的时间，都产生并发展着距离这样一个概念。因为远与近，产生了无穷无尽的变化与发展。

从音乐文化意义上来看，远与近更有着突出的概念，中国与西方，民族与世界，文明的冲突与融合，音乐的互相影响与吸收，皆是距离所带来的无限变化与发展。正因为有了这样的距离概念，因此产生了不同的音乐流派、不同的时代背景，造就了不同的音乐风格，和谐与发展，稳定与激进，冲突与和解，变化与固定，个体与群体，等等。几乎在各个领域我们都能找到这样一个无处不在、包罗万象的距离。

西方音乐是“接穗语言”，而中国音乐是“砧木语言”，如何基于对东西方两种音乐文化的理解与研究，融合两者独有的音乐理念来创作出新颖而独特的音乐作品，是作曲家所要研究的课题方向和目标。为此，作曲家在创作音乐作品时，融合东西方音乐的精髓，从各种不同层面上发挥自身的灵感与想象、尝试与探索。

二、主要内容

中西混合室内乐音乐作品《远与近》主要分为三大部分：开篇、发展和收尾。

作品开篇是以隐约的打击乐敲击声为背景拉开了作品的序幕，听众会深切体验到远古洪荒的声音，这对于面临着纷纷扰扰的现代人是一种别样的体验，人们可以感受到自己内心深处心灵的声音，体会现代与远古的距离，是一种回归自然、回归本我的精神体验。似乎是空谷回响，“蝉噪林逾静，鸟鸣山更幽”的一幅田园画卷。单簧管惊心动魄的延长音打破了黎明的寂静，预示着一场无硝烟的抗疫战即将爆发。琵琶密密麻麻的弹奏使人们心中慌乱的情绪无限蔓延，如泣如诉的箫声穿越时空的岁月，品味着幽幽如歌的情怀，静默而惬意。音乐的氛围构成了一幅水墨丹青的画面，夹杂着古筝、提琴类弦乐器点描式的写作手法，使平静的湖面荡起一丝丝涟漪，并一点点化开。人们的生活从此失去往日的安宁，风中的柳树摇曳不定，黑云密布在城的上空，低沉得要把整个城淹没。悠长的二胡声哀怨而凄凉，在云烟弥漫中，欲断欲连，凄凉瑟瑟地哭泣着，幽怨得沁入骨髓的寒冷，这是抗疫斗争前的不安和祈祷，也是对刘天华先生“空山鸟语”时代距离上的致敬。钢琴用现代拨奏手法奏出了明亮的声音，将作品带入中段部分。

作品中段由三个部分组成，古筝大二度音程的不断反复给予音乐进一步的推动力，这样的律动引领着各个乐器组纷纷加入。随着速度与力度的递增，将音乐作品推向中段的核心部分。硝烟弥漫、遮云蔽日、惊心动魄的对攻，一浪攻势余波未尽，一波又如飓风暴雨般狂卷而至。这里短笛演奏出的高音与梆笛高音的对峙，形成了独特的音响效果，如同两个不同的时空精灵在怒吼与呐喊。展现在我们面前的是一幅悲壮与凄凉、苦难与辉煌的景象。随着古筝的单音转变成双音，律动力量增加，所有乐器集聚力量将音乐作品推向最高潮，引出了一直埋伏的二胡独奏声部，这样的独奏段落带动整体乐队进入大齐奏阶段，这个令人印象深刻的大齐奏可以用欢欣鼓舞以及内心的狂喜之诗来描绘，似乎是探究已久的迷雾终于被拨开，使人们豁然开朗，无尽的幸福与满足感油然而生。

结束段落是以弦乐器震音与古筝的再次相遇为背景，使作品首尾呼应，短笛奏出绵长的旋律，像是远山传来的呼唤，尽显“孤舟蓑笠翁，独钓寒江雪”的文人风骨。古筝声部像潺潺的溪流，流过了静谧的村庄，流过了每一个人的心间……这是

《远与近》现场演出照 2

对因新冠疫情而逝去的人们的追忆和怀念。

三、艺术特色

（一）思想性与艺术性高度统一

室内乐作品《远与近》的创作灵感体现在作曲家独特的艺术视角，在思想上，从宏观视角以及音乐文化意义上来审视整个世界甚至浩瀚宇宙中东西方、民族世界、国家间等对于远与近的距离。结合中西两种音乐文化的研究，融合两者独有的音乐理念来创作出新颖而独特的音乐作品。

（二）内容与形式的完美统一

乐曲的构思巧妙，别出心裁，这部中西混合室内乐作品的最大特色是内容上的“远与近”与形式上的“近与远”完美统一，中国民族乐器和西方管弦乐器相融合，以各种现代演奏技法，14 种乐器的演奏技术和表现手法将战“疫”场面表现得尽善尽美，甚至于演奏员之间一中一西的交叉结合，无一不体现出作品的独特性。中国管乐器梆笛与西方管乐器短笛的对立，中国弦乐器二胡与西洋弦乐器小提琴的不同演奏方法的相交，钢琴现代技法与中国弹拨乐器古筝的现代演奏技法的融合，甚至到每一名演奏家之间的音乐交流，无处不存在着这样的距离感，同时音乐又浑然天成地融为一体。

（三）中西乐器相互混合

将各种有距离感的音乐形式相结合，中国民族乐器和西方管弦乐器相结合，现代音乐演奏法与传统民族音乐演奏法的融合，现代作曲技法与传统作曲技法的相互交织。

《远与近》现场演出照 3

（四）音乐具有诗歌的韵味

作为一个有着诗人灵魂的中国作曲家，将音乐作品与诗歌情感完美结合，使室内乐作品《远与近》具有清新脱俗的诗性美与意境美。

四、价值意义

（一）中国传统文化的传承

音乐作品将中国琵琶、梆笛、古筝、二胡等作为作品的主要演奏乐器，将《远与近》用东方音乐语汇和技法融合，贴切地传达着唐诗宋词的古风神韵，作品以现代独特的创作方式来传达中国传统音乐，坚持文化创造性转化、创新性发展。

（二）音乐艺术的创新价值

从宏观与微观视角汲取创作灵感，探索多维视角的艺术表现形式，使其具有独具一格的内涵。人类作为一个主体从某种意义上来讲，对于距离的概念小到贯穿一个人的一生，大到贯穿整个人类历史，随时间流逝，形成了不可逆转、不可停留的远与近的概念。艺术作品《远与近》对艺术创作进行创新和探索，将中国的民族元素与西方乐器相结合、现代音乐与传统音乐相融合，以现代创作技法与传统创作技法联合运用，使《远与近》在艺术创作方面新颖而独特。

（三）学术意义

室内乐《远与近》为弘扬中国民族文化，坚定自信，运用民族经典元素将多种情感融为一体，用中西方乐器演奏中国传统乐曲，用现代演奏技法来演奏中国传统音乐，可以深切体会到中西结合与古今相通之美。

时间的长河流淌不息，冲不淡我们彼此或远或近的距离。人生因其短暂而显得如此珍贵。回顾过往，感受世间的人情冷暖与悲欢离合；展望未来，珍惜当下，我们将不负时代、不负人民，努力攀登文艺高峰，以实际行动迎接党的二十大胜利召开。

五、实施计划

（一）2023 年上半年完成工作

作品修改与提高；总谱修订与分谱修订；组织相关演职人员进行排练。

（二）2023 年下半年完成工作

音乐会演出活动的策划和宣传，传统媒体与网络媒体的综合运用，组织开展演出。

（三）2023 年结项前工作

租用音乐厅录制 DVD 影像；租用录音棚录制 CD；在经费允许的情况下进行乐谱的出版和音像制品的出版发行。

专家点评

该作品以 2020 年初的新冠疫情暴发事件为背景，通过运用中西方乐器结合的室内乐形式表达出“距离上的远近不同于思想上、价值上的远近”等主题思想，并巧妙地运用中西方音乐结合的手法在舞台上体现出音乐文化之间的距离远近问题来呼应该作品。

每样乐器的运用在乐曲中恰到好处，利用其不同的特点及音色塑造出栩栩如生的画面感，让听众可以更好地感受、接收到该作品的主题表达。

美术创作资助项目

美术创作资助项目，资助坚持以习近平新时代中国特色社会主义思想为指导，全面贯彻落实党的二十大精神，深入学习贯彻习近平文化思想，坚持为人民服务、为社会主义服务，坚持百花齐放、百家争鸣，坚持创造性转化、创新性发展，坚持以人民为中心的创作导向，以社会主义核心价值观为引领，着眼于服务国家重大战略，服务建设中华民族现代文明，思想精深、艺术精湛、制作精良的优秀美术作品和书法、篆刻作品，增强全体人民为实现中华民族伟大复兴而团结奋斗的精神力量。

重点资助以现实主义精神和浪漫主义情怀观照人民的生活、命运、情感，反映人民的喜怒哀乐和气象万千的生活景象，讴歌奋斗人生、刻画最美人物、描绘祖国秀美山河，具有显著时代意义和历史、文化、学术价值的作品；弘扬伟大建党精神，弘扬以爱国主义为核心的民族精神和以改革创新为核心的时代精神，唱响昂扬的时代主旋律的作品。

第三部分

美术创作资助项目

中国画《运河新颜》

谭鸿遐

2022 年度美术创作资助项目

中国画《运河新颜》

谭鸿遐

2022 年度美术创作资助项目

一、申报主体简介

谭鸿遐，南京信息工程大学艺术学院教授、硕士研究生导师。中国美术家协会会员，中国工笔画学会会员，中国女画家协会会员。江苏省教学名师，南京市有突出贡献中青年专家和“533 英才工程”领军人才培养对象。12 幅作品入选第十二届和第十三届全国美术作品展览，16 幅作品参加国家级专业展览获优秀奖或入展，10 多幅作品被中国美术馆、江苏省美术馆、深圳画院等单位收藏。主持和参与国家、省、市级艺术基金和课题 20 多项，在《文艺研究》《新华文摘》等期刊发表作品和《美术》《美术观察》《装饰》《艺术百家》等期刊发表论文和作品 30 多篇（幅）。个人或指导年轻教师和学生参加省、市级以上技能、教学竞赛获一等奖多次，并获

谭鸿遐生活照

谭鸿遐《运河新颜》

里運河
中運河
博物馆

“技术能手”“教学能手”“教科研先进个人”“优秀指导教师”等荣誉称号。主要从事中国画创作与理论研究、视觉传达设计研究。

二、项目简介

（一）主题思想、创作构思和艺术特色

1. 主题思想

（1）习近平总书记在文艺工作座谈会上的重要讲话引领文艺发展进入新时代，号角嘹亮、风潮正涌，为广大文艺工作者创造了大有可为的发展环境。

（2）中国大运河是世界文化遗产，是古代劳动人民创造的伟大的水利工程，是中国古代文化最丰富灿烂的长廊，由京杭大运河、隋唐运河和海上丝绸之路相连的浙东运河组成，沟通海河、黄河、淮河、长江、钱塘江五大水系。我们要深入贯彻习近平总书记对大运河文化带建设的重要指示批示精神，深入阐释大运河文化价值，大力弘扬大运河时代精神，促进文旅融合，着力将大运河建成展示中华文明、彰显文化自信的亮丽名片。

（3）随着中国大运河申遗的成功，大运河主题美术创作飞跃发展，将会续写出美丽的诗篇。

（4）坚持“二为”方向和“双百”方针，以运河为主线，以文化为舞台，以艺术为实践，以创作大运河文化带建设主题工笔重彩画作品为目标，坚持运河文化传承与当代艺术发展并举之路。

2. 创作构思

（1）在艺术创作的过程中心有所想、情有所发，民族文化、传统元素和家乡运河情结是我艺术追求的原动力。本着承地域文脉、描文化名城、绘绿色运河、为人民抒情的创作理念，运用现代工笔重彩画的艺术形态表现大运河的古韵新颜，也让大运河与“一带一路”的联结从历史走进现实，走向未来。

（2）艺术灵感源于中国大运河千年文化积淀的熏陶。首先，深入生活，沿着隋唐运河、京杭大运河和浙东运河实地采风写生，考察和搜集材料。其次，对运河文化元素进行提炼和构思，以极其写实的手法对中国大运河遗址、古今建筑、船及物品等进行重新组合并大胆地廾形、破形，构成一首历史与现代交相辉映的视觉交响。坚守承古今、融中外的创新理念，用现代工笔重彩画形式创新带动运河主题美术作品内涵提升。

（3）5 条屏的画面主体是 5 条象征千年文化和五条河流的运河之船，以俯视角度展现全貌；无数工匠修建大运河和劳动人民辛勤劳作的身影，展现大国传承千年的工匠精神；运河历史变迁的碑体标牌以及沿线城市的遗存古桥、文化古迹……这与康熙御赐镇水祈福的"九牛二虎一只鸡"、新建的中国大运河博物馆、亚洲最大的运河水上立交桥、大运河世界文化遗产标志碑等巧妙结合，有着穿越千年之感。积色撞色的渔网把陆地、水域和船舶连接起来，表现千年水乡与现代文明相融共生、灿烂辉煌。

3. 艺术特色

（1）本项目是用现代工笔重彩创作大运河文化带主题中国画作品。工笔画走过了近 40 年的重振与复兴，而现代工笔重彩画已经担当起中国画坛的重要角色。现代工笔重彩其始祖为华夏丹青，其嫡传为中国传统重彩、工笔重彩，它既容纳了油画、版画、雕塑等画种的审美特点，且有着特殊的材质美、肌理美、装饰美的意蕴。

（2）作品用现代工笔重彩材料和技法表现大运河沿线城镇的世遗古迹和运河文化带的建设新貌，主体是船只，渔民以船为家，视觉中心船上描绘大运河流经的北京、天津、河北、山东、江苏、浙江等省市的古镇遗存和城市新貌，浑然一体，给人以时空交错感，恍若进入历史隧道，让大运河文化带的现实与历史交相辉映。

（3）从中国大运河南北地域性特点、文化符号与现代工笔重彩画融合的角度出发，在继承传统的同时又拥有鲜明的艺术个性，运用独特的艺术语言，高扬现实主义精神，反映时代、感悟生活、关注民生、关爱自然，追求真善美相统一的审美理想。

4. 拟创作作品数量、尺幅

创作中本着承地域文脉、描文化名城、绘绿色运河、写生态淮河、为人民抒情的创作思想，创作反映大运河文化带建设元素和现代工笔重彩画融合的现实主义题材的单幅 2.3 × 3.5 米中国画作品。

（二）价值意义

1. 项目选题方向挖掘本土文化资源，据守渐变，体现地域特色

不同于古建筑、古遗址的申遗，中国大运河是仍在使用的“活态性文化遗产”，贯彻习近平总书记对大运河文化带建设的批示精神，充分认识大运河文化带建设的重大意义，以高度的责任感和历史使命感，在运河沿线各省市打造“文化之河、生态之河、开放之河、经济之河”的建设之际，用画笔记录下中国大运河的地位和价值，为“保护好、传承好、利用好”3 篇文章加色添彩。

项目选题方向关注运河文化传承与艺术创新发展。画眼看运河，水上新家园，笔墨随时代，彩笔绘丹青。深挖地方文化特色题材，展示工笔重彩精品创作，提升受众的艺术审美情趣，传承运河地域精神文明，彰显运河文化带建设人民大美。

此项目成果以创作作品的形式向全国的广大群众展示中国大运河文化的独特魅力和现代重彩画领域的现状和发展，让更多的民众提高对色彩中国画的艺术认知和理解，对反映运河文化带建设主题中国画创作的艺术特色具有较强的推广价值。

2. 项目创作内容描绘千年运河、绿水青山，传承创新、弘扬运河文化精神

习近平总书记指出：创作生产更多传播当代中国价值观念、体现中华文化精神、反映中国人审美追求，思想性、艺术性、观赏性有机统一的，老百姓喜欢的优秀作品。作为世界遗产的中国大运河的物质与非物质文化遗产的文化元素要传承与创新，应该从地方文化艺术传承、主题美术创作、审美心理学等角度入手，以形式创新带动内涵提升，既有中国工笔重彩画本身的内在发展要求，也有新画

种外在推动，更有大运河文化带建设主题美术创作和人才培养的迫切需要。

此项目如果申报成功，在前期研究积累的基础上继续研究和创作大运河题材工笔重彩画作品，将对传统文化传承与当代艺术发展的创新应用研究和人才培养具有很高的学术价值和应用价值。

3. 项目成员结构体现以老带新传承，促进团队发展合力

团队成员的专业创作和理论研究水平都很高，完全具备完成本项目的能力。

（1）团队成员由高校教师、美术馆画家和中国艺术研究院中国画研究生组成，都曾生活在运河岸边20多年。

（2）团队成员中，项目申报人谭鸿遐是高校教授，中国画硕士研究生导师，江苏省教学名师，南京市有突出贡献中青年专家和领军人才；栾剑是一级美术师，中国工笔画学会青年艺委会副主任、省“333工程”中青年领军人才。团队成员创作运河及地方题材美术作品40多幅参加国家级专业展览获优秀奖，其中12幅作品入选第十二、第十三届全国美展，省级展览获奖60多次，作品被中国美术馆、江苏省美术馆、江苏省现代美术馆等收藏。栾剑参加中国国家画院主办的“新中国美术家系列”江苏省15名家晋京展、由中国美术馆赴土耳其主办的“当代中国画作品展”和“笔墨当随时代——重走万里路　弘扬新金陵画派精神”美术创作活动等。

（3）团队中的栾绘宇从小受到两位老师的专业指导，经常参与运河主题作品的创作，在中央美术学院创作的运河题材工笔重彩画本科毕业作品《运河大美·名城揽胜》入选了第十三届全国美展，2021年中国画作品《运河大美·真爱流长》获中国美协主办的“第十一届全国工笔画作品展”最高奖，《运河大美》入选中国美术家协会主办的“百年辉煌·第五届全国高校插图艺术作品展”。

项目秉承深入生活的创作之路，挖掘沿运遗产，传承地域文脉，坚持运河题材美术创作和现代工笔重彩画融合并举。项目成员以老带新，以新促老，形成创作团队合力，共同成长，对运河文化传承与现代工笔重彩画发展的理论研究、精品创作、人才培养和团队发展具有较高的价值。

（三）前期准备情况和已经取得的阶段性成果

1. 前期准备情况

创作的前期准备工作首先是通过自主学习、集体研讨、名家指导、观看展览等进行自我提升。其次是深入生活，实地采风、写生、收集、归类，接着对创作的主题资料进行分析、对比、演绎，归纳整理运河文化元素，针对重要作品、草稿进行重点研究。最后实地考察、搜集各方意见和建议，考虑画面的构图、造型、色调、技法等，准备初稿。

2. 已经取得的阶段性成果

团队成员创作和研究与项目相关的阶段性成果丰厚。成员坚持扎根人民的艺术创作导向，研究与创作大运河和城市新貌题材作品 20 多年，既强调创作实践，又重视理论研究，还完成人才培养项目，大运河题材美术作品在国家级专业展览中获奖或入展近 40 次，其中 12 幅入选第十二、第十三届全国美展，3 幅入选中国艺术节优秀美术作品展。主持与大运河相关的国家、省市创作项目和课题 20 多项，如 2016 年度国家艺术基金中国画创作项目《淮安水文化》。江苏艺术基金美术创作资助项目：中国画《水上家园》（2016 年度），版画《淮水 · 运河 · 名城揽胜图》（2016 年度）；中国画《运河文化带》（2019 年度）；中国画《绿色运河 · 生态渔家》（2020 年度）和江苏省改革开放 40 周年美术创作项目中国画《运河千年悠悠来　水上立交展新姿》等，尤其是主持完成了江苏艺术基金人才培养资助项目“挖掘 · 传承 · 创造——世界文化遗产大运河美术创作人才培养”和传播推广资助项目“‘大美运河 · 工致当代’——全国工笔画展全国巡展”后，已经培养一批表现运河主题工笔重彩画作品的创作新人，展现运河沿线地域新貌，创作时代特色工笔作品。主持“淮安大运河题材当代中国画创作研究”“运河千年绘丹青——淮安地方题材美术创作研究”等 4 项研究课题。30 多篇（幅）论文和作品在《文艺研究》《美术》《艺术百家》《新华文摘》等期刊上发表和被转载。如：论文《重彩绘写运河情》发表于《美术》；论文《工笔画的“当代性”刍议》发表于《美术观察》，并发表5幅工笔画作品；作品《印象水乡》被《新华文摘》转载；中国画《洪泽湖渔歌》《大鸾腾飞处·海棠——品梅》《水乡·生态·渔歌》和版画《淮水·运河·名城揽胜图》、壁画《大运河畔淮水情》等发表于《文艺研究》。

专家点评

工笔画历史文脉悠久，而现代工笔重彩画已经担当起中国画坛的重要角色。该作品主题鲜明，构思巧妙，立意明确。色彩的选择和使用能够直观表现出作品的情绪传达和视觉效果。整体效果和谐，协调性良好，细节处理完善。通过色彩笔墨将大运河历史及大运河价值清晰表现，可圈可点。

油画《草原·我们共同的家园》

张可扬

2022 年度美术创作资助项目

油画《草原·我们共同的家园》

张可扬

2022年度美术创作资助项目

一、申报主体简介

张可扬，内蒙古师范大学美术学院教授、硕士研究生导师。中国美术家协会会员，中国油画学会会员，内蒙古美术家协会油画艺术委员会主任，内蒙古油画学会副主席。60余次入选国家级美展，并获十佳作品奖、收藏作品奖以及“中国油画颜文樑艺术奖”等重要奖项。曾获省级美展金奖11项、银奖7项，2018年获评为“第三届内蒙古自治区中青年德艺双馨文艺工作者”，2020年荣获“内蒙古美术奖”，2016年、2022年两次入选国家艺术基金美术创作项目。2020年获批中国文联全国首批文艺领军人才重点扶持项目。2013年、2023年两次获得内蒙古艺术创作最高奖“萨日纳奖”。中国文联首批全国中青年文艺领军人才。

张可扬生活照

代表作品《我的乌兰牧骑》入选第十三届全国美术作品展览进京作品展，收藏于中国美术馆。《草原上的乌兰牧骑》入选中央宣传部“不忘初心　继续前进”建党百年美术创作工程（2021年），收藏于中国共产党历史展览馆。《草原深处党旗红》入选中央宣传部“筑梦——我们的新时代美术作品展”（2022年），收藏于中国共产党历史展览馆。《草原上的“微”生活》入选中国美术家协会主办的“丝绸之路杰出艺术作品展”并在联合国教科文组织总部展出（2023年）。

作品和论文分别发表于《人民日报》《光明日报》《美术》《党建》《新华文摘》等报刊，作品收藏于中国共产党历史展览馆、中国美术馆、内蒙古博物院、内蒙古美术馆等机构。

张可扬《草原·我们共同的家园》

铸牢中华民族共同体意识

二、项目简介

（一）主题思想

习近平总书记在党的十九大报告中提出“铸牢中华民族共同体意识”，在2019年全国民族团结进步表彰大会上的重要讲话中指出：“实现中华民族伟大复兴的中国梦，就要以铸牢中华民族共同体意识为主线，把民族团结进步事业作为基础性事业抓紧抓好。”“推动各民族文化的传承保护和创新交融，树立和突出各民族共享的中华文化符号和中华民族形象，增强各族群众对中华文化的认同。”全面贯彻党的民族政策，铸牢中华民族共同体意识，促进各民族共同团结奋斗、共同繁荣发展，是新时代开展民族工作的重要工作。民族主题美术创作是铸牢中华民族共同体意识的重要实践和增强民族认同的直观再现。内蒙古的民族题材美术创作，有着优良的创作传统，一代代美术工作者通过图像叙事的方式，展现了内蒙古人民在党的领导下，发扬艰苦奋斗、吃苦耐劳、一往无前的“蒙古马精神”，树立并持续维护了光荣的“模范自治区”称号。走进新时代，各族人民的生活水平日益提高，脱贫攻坚，实现全面小康，走上共同富裕的康庄大道。这个伟大的时代也赋予了广大美术工作者神圣的使命，就是要通过图像叙事形成经典视觉形象，直观地用群众熟悉的图像方式体现中华民族共同体意识，增进各族人民对中华民族的认同感，感恩党、听党话、永远跟党走。

（二）创作构思

民族为不同的个体与阶级提供社会纽带，因为它是全部共享价值、象征符号和传统的集合。象征符号能够唤起民族成员对共同的历史遗产和文化血缘的情感，对某个共同身份的认同和归属感会使他们感觉变得强大和高尚。民族因此成为一个获取信仰的群体，能够克服障碍和困苦。重视和尊重民族文化的特性，就要强化各民族文化符号中深层次的中华文化共性，善于在各民族文化符号中寻找和增强中华文化的时代价值、共同价值，引导各族群众共创、共享、共传中华文化，提炼具有象征中华民族共同体意义的符号，铸牢中华民族共同体意识。要坚持将马克思主义民族理论与民族地区具体实际相结合，深入研究各民族思维方式、各地区历史文化结构，充分发掘涵养民族团结的文化元素，传承和弘扬各民族共享的中华文化符号。

（三）艺术特色

社会主义文艺从本质上讲就是人民的文艺。主题美术创作是社会主义人民文艺的重要形式。能不能“以人民为中心”，对文艺来说并不是一件小事情，而是判断先进和落后的“分水岭”，判断是否实现“党性原则”和“创作自由”统一的试金石。在社会主义文艺史上，主题美术创作秉持现实主义的艺术特色，正在为实现伟大中国梦写下光辉的浓墨重彩的一笔。通过北疆文化主题的图像叙事，增进广大农牧民的文化自信和对民族团结的认知，也为中华民族的文化自信作出贡献。文化自信表现在不经意间，表现在民心相通的那一刻。文化自信也来源于对祖国的热爱以及对人民的深情。北疆文化主题的创作和图像叙事紧贴时代，通过农牧民熟悉的写实造型语言和传统文化，再现农牧民的生产和生活，赓续红色血脉，歌颂中国共产党，把北疆文化和中华文化紧紧相连。

习近平总书记在清华大学美术学院考察时指出：“美术、艺术、科学、技术相辅相成、相互促进、相得益彰。要发挥美术在服务经济社会发展中的重要作用，把更多美术元素、艺术元素应用到城乡规划建设中，增强城乡审美韵味、文化品位，把美术成果更好服务于人民群众的高品质生活需求。”本次国家艺术基金项目申报，是以大草原为背景，内蒙古各族儿女共建和谐家园、共享劳动成果、共享美好生活作为创作主题。拟创作一幅高 1.8 米、宽 3 米的独幅油画作品，表达出各族人民像“石榴籽”一样团结在党中央周围，共同努力奋斗，实现中国梦的伟大复兴。

三、价值和意义

习近平总书记在武夷山考察时指出：“把坚持马克思主义同弘扬中华优秀传统文化有机结合起来。”充分说明了弘扬中华优秀传统文化，在我们党的治国理政中具有重要的地位和时代意义，充分彰显了弘扬中华优秀传统文化是坚定文化自信的重要举措和应有之义。“人无精神则不立，国无精神则不强”，民族团结主题图像叙事已深深融入党、国家、民族、人民的血脉和灵魂，成为中华民族精神的丰富滋养，是民族精神和时代精神的重要组成部分，是党和国家的宝贵精神财富，必将成为各民族共享的、铸牢中华民族共同体意识的经典视觉形象。民族主题美术创作是铸牢中华民族共同体意识的重要实践和增强民族认同的直观再现。美学学者宋生贵在《草原艺术学理建构的观念、方法及意义》一文中说道：“真正现实的审美精神都不应是超脱于坚实的‘大地’的幻想王国，而理应与现实具有一种亲和力和契合性。”生活在内蒙古的人们在对本土艺术的审美实践中是深有体会的，如听草原歌曲、看草原舞蹈、赏草原绘画等。草原艺术应当积极跨入“全球化”这一大背景下和大舞台上，充分实现“自我表演”，以彰显其美学资质、张扬其文化精神。法国思想家罗杰 · 加洛蒂在《论无边的现实主义》一书中说道：“唯物主义，即艺术中的现实主义的主要论点——不是意识决定生活，而是生活决定意识……意识从来不可能是别的，只是自觉的存在——绝不意味着一种意识和生活关系的机械决定论。” 通过民族主题美术创作，铸牢中华民族共同体意识，提升中华民族认同感，满足人民群众日益增长的美好生活的需要。创作出接地气、传得开、留得下的经典视觉形象具有重要意义，把党的关怀和政策送到人民群众当中去，成为各民族团结的桥梁和纽带。

作为一名民族地区的文艺工作者，本人长期深入农牧区，进行了多年积极而有成效的主题美术创作，承担过省级、国家级重大美术创作工程若干项，获得专家一致好评和良好的社会效益。在全国范围内成为近些年来民族主题美术创作方面的优秀代表。因此，这幅作品的创作对铸牢中华民族共同体意识和中华民族文化认同具有重要的价值和意义。

从艺术接受观来讲，以人民为中心的美育宗旨还要求我们将更多的体现中华民族精神视觉形象的艺术元素融入城乡文化建设中去，从而更好地实现大众美术与艺术大众化的辩证统一。以铸牢中华民族共同体意识为新时代党的民族工作的主线，推动各民族对伟大祖国、中华民族、中华文化、中国共产党、中国特色社会主义的高度认同，不断推进中华民族共同体建设。

四、前期准备情况和已经取得的阶段性成果

（一）阶段性成果

近年来，对民族团结题材进行了大量的资料收集和前期草图的准备，开展了牧民系列、草原幸福生活系列、草原共同家园系列等方面的艺术探索，已经取得了一批阶段性的成果。

1.《我的乌兰牧骑》于 2018 年入选内蒙古文联、内蒙古美协主办的“弘扬乌兰牧骑精神”主题美术创作工程，于 2019 年入选第十三届全国美术作品展览进京作品展，并被中国美术馆收藏。作品发表于 2019 年第 8 期《美术》杂志，刊发于 2019 年 9 月 22 日《光明日报》、2021 年 2 月 21 日《新民晚报》、2021 年 2 月 18 日《内蒙古日报》。

2.《新时代乌兰牧骑》于 2021 年入选内蒙古自治区党委宣传部、内蒙古文联、内蒙古美术家协会主办的“红色百年内蒙古”重大美术创作工程，被评为优秀作品奖，在“永远跟党走”建党百年内蒙古美术创作工程作品展中展出，并被内蒙古美术馆收藏，刊发于 2021 年 8 月 14 日《内蒙古日报》。

3.《草原上的乌兰牧骑》于 2021 年入选中央宣传部、中国文联、中国美术家协会主办的“不忘初心　继续前进”建党百年美术创作工程，在新落成的中国共产

党历史展览馆中展出并被收藏，刊发于 2021 年 7 月 26 日《人民日报》。

（二）承担项目

1. 2010—2012 年承担内蒙古文联、内蒙古美术家协会主办的内蒙古重大历史题材创作工程，其中《大沽口抗英》《草原儿女支援抗美援朝》入选，并被内蒙古美术馆收藏，资助金额 52 万元，已结项。

2. 2016 年入选国家艺术基金美术创作项目《牧民》，资助金额 5 万元，2019 年结项。

3. 2018 年承担内蒙古文联、内蒙古美术家协会主办的弘扬“乌兰牧骑精神”主题美术创作工程，《我的乌兰牧骑》入选，并被中国美术馆收藏，资助金额 10 万元，已结项。

4. 2020 年获批中国文联全国中青年文艺领军人才重点扶持项目《草原幸福生活》，资助金额 8 万元，已结项。

5. 2019—2021 年承担内蒙古自治区党委宣传部、内蒙古文联、内蒙古美术家协会主办的“红色百年内蒙古”美术创作工程，其中《新时代乌兰牧骑》《蜈蚣坝伏击战》《寒春阳早》《草原那达慕》入选，并被内蒙古美术馆收藏，资助金额 18 万元，已结项。

6. 2021 年承担中央宣传部、中国文联、中国美术家协会主办的“不忘初心 继续前进”建党百年美术创作工程《草原上的乌兰牧骑》，资助金额 55 万元，并被中国共产党历史展览馆收藏，已结项。

本人已结项完成的省级、国家级主题美术创作工程与本次申报的创作内容一致，联系紧密。本人拥有丰富的实践经验和大量的创作素材，通过本课题的研究可以弥补民族团结主题创作的短板，为内蒙古各民族共享的主题视觉形象的确立和完善提供依据，强化铸牢中华民族共同体意识的艺术表达。本人具有充足的创作时间来保证创作的顺利进行，前期已掌握大量文字资料和图片资料，多次圆满完成主题美术创作工程，完全具备完成创作的能力和条件。

专家点评

草原，既是大自然的赠礼，也是游牧民族的家园。宽广、自由、恬静，使人心旷神怡。该作品线条轮廓清晰，色彩饱和，画面的层次感良好，细节处理完善，通过油画来表现作者对于草原的情愫与情怀，让观摩者仿佛置身画中，感受到了浓厚的草原民族生活气息和艺术氛围。

雕塑《守护家园——八步沙“六老汉”》

王志刚

2022 年度美术创作资助项目

雕塑《守护家园——八步沙“六老汉”》

王志刚

2022 年度美术创作资助项目

一、申报主体简介

王志刚，西安美术学院雕塑系教授。长期从事雕塑创作和教学工作，完成国家艺术基金项目 2 项，作品多次获得展览奖项。

论文《熔古铸今——在全国重点美术学院中国传统雕塑教学交流研讨会上的思考》发表于《美术观察》2016 年第 5 期“热点述评”栏目。

另有 70 余件城市雕塑作品设立于北京、西安、兰州、济南、长沙、福州等地。

王志刚工作照

二、项目简介

（一）主题思想

雕塑作品《守护家园——八步沙“六老汉”》选题为甘肃省古浪县八步沙林场“六老汉”三代人治沙造林先进群体的事迹。作品以群雕的形式生动表现“六老汉”三代人薪火相传、久久为功，在与恶劣环境的不懈斗争中摸索出一条让沙漠披绿生金的发展之道，彰显了“誓把荒漠变绿洲”的决心和代代相传的奋斗精神。

以“六老汉”为代表的八步沙林场三代职工，矢志不渝、拼搏奉献，科学治沙、绿色发展，持之以恒推进治沙造林事业。

截至 2019 年，完成治沙造林 21.7 万亩，管护封沙育林面积 37.6 万亩。以愚公移山的精神生动书写了从“沙逼人退”到“人进沙退”的绿色篇章，为生态环境治

王志刚《守护家园——八步沙“六老汉”》

理作出了重要贡献。如今的八步沙林场，历经“六老汉”三代人，38 年的坚守，已从昔日寸草不生的沙漠，变成了当地群众增收致富的“金山银山”。

2019 年 3 月 29 日，中央宣传部授予“六老汉”三代人治沙造林先进群体“时代楷模”称号；2019 年 9 月 25 日，八步沙林场“六老汉”三代人治沙造林先进群体获得“最美奋斗者”集体称号。

八步沙“六老汉”群体守护家园，以顽强的毅力创造了荒漠变绿洲的生命奇迹。不仅是在生态治理中作出了重大贡献，更可贵的是他们传播了一种精神，不屈不挠、坚持不懈的新时代愚公精神。这件群雕作品，力求通过独特的雕塑艺术语言，将这种精神转化成一种视觉形象，感染人们产生共鸣并传递这种精神，激励我们为中国特色社会主义事业而不断奋斗。

（二）创作构思

雕塑作品《守护家园——八步沙“六老汉”》以八步沙“六老汉”三代人先进群体治沙造林的真实故事为素材，采取群雕的形式表现八步沙“六老汉”英雄的治沙事迹，通过雕塑艺术特有的主题性特征，运用朴实和雄壮的艺术语言，体现不惧风沙、坚定不移的八步沙“六老汉”形象，并借以寓意当代中国人自强不息的奋斗精神。

38 年前的八步沙，风沙漫天，沙进田无。面对日益严峻的生存危机，郭朝明、贺发林、石满、罗元奎、程海、张润元 6 人组建八步沙集体林场，承包治理 7.5 万亩流沙。那一年郭朝明年纪最大，已有 61 岁，而最小的张润元也已年近半百。“六老汉”用“一棵树，一把草，压住沙子防风掏”的治沙措施。用 10 年的时间，征服了曾经每年以 7.5 米速度向南推移的八步沙，4 万多亩沙丘披上绿装，周围 7800 亩土地和 4 个村镇得到保护。在“六老汉”的眼里，八步沙就是他们的“命”。即便是 20 世纪 90 年代面临资金困难，没有经济收入的时候，他们守着千万元的绿色财产，也没伐一根柴、没拔一棵草。

通过深刻了解和学习八步沙“六老汉”的英雄事迹，深深为他们的坚定信念所感动。我曾为艺术创作多次去过甘肃、宁夏等西北的沙漠地区，知道那里平地起风、随时扬沙的恶劣天气条件，对在那里生活和工作的人们抱有由衷的崇敬之情，也深深地感受到生态环境的恶劣程度，以及他们无所畏惧、持之以恒治沙、抗沙的决心。

在学习中，我看到这样一个情节：“62 岁的郭老汉病重，就连下床都很困难，30 岁的郭万刚接替父亲进入林场；1991 年，21 岁的贺中强在父亲倒下的树坑旁捡起铁锹，进入林场；1992 年，22 岁的石银山接替父亲进入林场；2002 年，30 岁的罗兴全接替父亲进入林场……当年的娃娃们现在也一天天变成了老汉，但八步沙却更绿了。”“六老汉”曾约定：不论多苦多累，6 家人必须有一个继承人，薪火相传，把八步沙管下去。

为了完成父辈人的遗愿，郭老汉的儿子郭万刚、贺老汉的儿子贺中强、石老汉的儿子石银山、罗老汉的儿子罗兴全、程老汉的儿子程生学、张老汉的女婿王志鹏，接过了治沙接力棒，成为八步沙的第二代治沙人。

在第二代治沙人的努力下，2003 年，7.5 万亩八步沙的治理任务得以完成。如今的八步沙形成一条南北长 10 公里，东西宽 8 公里，林草良好的防风固沙绿色屏障。郭朝明的孙子郭玺也是林场的一员，他和林场的一群大学生参与到防沙治沙的事业中，成为八步沙第三代治沙人。

从“六老汉”时代的“一棵树，一把草，压住沙子防风掏”，到现在的打草方格、细水滴灌、地膜覆盖等，第三代治沙人的治沙方式，在父辈的基础上不断创新。多年来，八步沙三代“愚公”已经累计完成治沙造林 21.7 万亩，管护封沙育林草 37.6 万亩，八步沙林场发展为古浪唯一一家由农民联户组建的生态公益性林场，也成为甘肃省农民联户承包治沙造林的典型之一。

他们就像千年不倒的胡杨树，就像任凭风吹沙打也不动摇的巨石，迎着暴风屹立在沙漠中。在上述情景的感召下，我选择了“六老汉”团结一致与风沙抗争、栽树护苗的工作瞬间作为雕塑构图的主要情节。他们面对满天风沙的恶劣环境，表现出一种坚定的信念和无畏的态度。

雕塑结构为团块群雕，“六老汉”浑然一体，像一面巨石迎风阻挡在风沙前面。在整体造型上，利用弓形弧线与水平线交叉所形成的张力，突出主题精神。在人物形象个性表情刻画的同时，做适当抽象概括，强调其典型性与象征性，将三代治沙人的精神气质，幻化在 6 位主题人物身上，采取现实主义与浪漫主义相结合的手法进行构思创作，力求做成具有纪念碑性的主题叙事群雕。

（三）艺术特色

雕塑作品《守护家园——八步沙“六老汉”》在艺术处理上，发挥雕塑艺术直面现实、语言凝练的优势，追求简约、质朴的审美原则，强调由内而外的雕塑力量感。在造型中学习、借鉴中国汉代石刻雄浑大气、古朴豪迈的艺术特征，采取写实和写意相结合的塑造手法，注重形式和神韵的表达，使雕塑作品始终在精练中以整体为重，强调雕塑作品应有建筑感和纪念碑性，力求思想性和艺术性的高度统一，把丰富感人的内容浓缩精练为一个鲜明生动的艺术形象，表现“六老汉”先进群体为了生存与沙漠抗争，最终取得人与自然和谐共生，铸就了一座堪称时代楷模的不朽丰碑。

三、价值和意义

雕塑作品《守护家园——八步沙“六老汉”》选题是对主题性艺术创作的一次探索与研究。新时代美术事业的发展和重要作品的产生，更加需要表现社会进步的主题性艺术创作活动。

“时代楷模”八步沙林场“六老汉”三代人治沙造林先进群体的事迹，生动讲述了38年来“六老汉”三代人薪火相传、久久为功，在与恶劣环境的不懈斗争之中，摸索出一条让沙漠披绿生金的发展之道，彰显了代代相传誓把荒漠变绿洲的奋斗精神。“高山仰止，景行行止。”八步沙“六老汉”的故事，震撼人心、催人奋进，是艺术创作的好题材，艺术家通过创作表达人文关怀，挖掘人文关怀的本质力量，从而触动心灵以雕塑作品特有的感染力将这种新时代愚公精神进行传播、弘扬，是主题性艺术创作的时代要求，是艺术家时代责任担当的一种反映，具有极强的现实意义。

本选题在雕塑表现语言的研究中，以写实和写意相结合的塑造手法探索形式与内容、造型与观念的关系变化，通过学习、借鉴中国汉代石刻雄浑大气、古朴豪迈的艺术特征，研究分析中国古代大型群雕在观念性和象征性表达中的艺术处理方法，为本选题雕塑作品在艺术特色与表现力方面带来了极大的突破。中国传统雕塑造型中任何形式的变化都和精神的表达紧密关联着，从彩陶、玉器、青铜器到大型雕刻，无不是将形式与观念高度统一在一起，这是中国传统雕塑系统中最具特色的地方，本选题创作、研究、实施过程，也是在艺术表现语言方面对中国传统艺术资源的再发现、再利用、再创造。

四、前期准备情况和已经取得的阶段性成果

（一）本人长期从事雕塑专业研究与创作。对主题性创作具有一定的经验，特别是为本选题的内容事迹所感动，产生了很强的创作欲望。在此之前完成过多次重要题材的创作任务，为本选题的创作研究奠定了一定的基础条件。

（二）本人在选题申报之前曾对选题进行了大量的资料收集和分析。早在2018年至2019年曾前往甘肃古浪、民勤和宁夏中卫等沙化严重地区进行调研、采访，掌握现场资料，有了实际感受。

（三）目前，本选题创作稿已经进行到第三稿。从创作草稿到立体小稿，再到立体大稿，反复推敲，并借助计算机辅助设计，寻找更合适的空间关系和体量关系。已完成的第三稿尺寸为80cm × 60cm × 76cm，相关阶段性创作成果参加了“红色基石创作展”“陕西省黄河主题美术作品展”等专业学术活动，并获得了同行的宝贵建议，将在这个基础上进一步推敲雕塑作品的整体结构，调整人物关系，进行细致表情刻画，完成第四稿之后进入最终稿的创作。

专家点评

“六老汉”三代人治沙造林的故事一直流传于千家万户，作者使用雕塑作品来表现，使得该人物更加坚定有力，“黄沙不退人不退”的精神更加坚定不移。该作品外观设计精致，细节处理完善，轮廓线条流畅，比例和谐。特别对于精神价值的体现别具一格，对同类作品具有一定参考价值。

传播交流推广资助项目

传播交流推广资助项目，资助坚持以习近平新时代中国特色社会主义思想为指导，全面贯彻落实党的二十大精神，深入学习贯彻习近平文化思想，坚持为人民服务、为社会主义服务，坚持百花齐放、百家争鸣，坚持创造性转化、创新性发展，围绕举旗帜、聚民心、育新人、兴文化、展形象建设社会主义文化强国，以社会主义核心价值观为引领，发展社会主义先进文化，弘扬革命文化，传承中华优秀传统文化，促进满足人民文化需求和增强人民精神力量相统一，努力实现社会效益和经济效益相统一的优秀艺术作品演出、展览项目。

重点资助改革开放以来特别是党的十八大以来创作生产的优秀艺术作品演出、展览活动；配合国家重大战略实施和重要国际交往活动，围绕国家重大纪念活动和重要时间节点举办的优秀艺术作品演出、展览活动；深入市、县基层，深入革命老区、民族地区、边疆地区开展的优秀艺术作品演出、展览活动；省级及以上国有文艺院团与基层文艺院团联合开展的优秀作品演出活动；获得国家艺术基金舞台艺术创作项目资助，在结项验收后继续进行重大加工修改提高，艺术质量有明显提升，取得良好社会效益作品的演出活动。

第四部分

传播交流推广资助项目

民族舞剧《骑兵》巡演

内蒙古艺术剧院

2022 年度传播交流推广资助项目

民族舞剧《骑兵》巡演

内蒙古艺术剧院

2022年度传播交流推广资助项目

一、主要内容、价值意义和艺术特色

（一）主要内容

抗战胜利前夕，在外读书的蒙古族青年学生朝鲁，不堪忍受日本侵略者欺辱，奋起反抗，辍学回到故乡，遇到了美丽的姑娘珊丹，与其有了一场刻骨铭心的爱情。日军在草原上投放黑死病（鼠疫）病毒，给草原带来了灾难。危难关头，红军医疗队来到草原，草原人民在他们的救治下很快痊愈。朝鲁从这支队伍中受到中国共产党革命思想的感召，心中燃起新的理想选择，毅然决定穿上戎装奔赴战场，为新中国成立而战斗。临别，依依不舍的珊丹为朝鲁送来了爱情的信物和她心爱的枣红马“尕腊”。

《骑兵》剧照 1

战争残酷，英雄不朽。朝鲁与战马“尕腊”在每一次战斗中都冲锋在前，无所畏惧。无数战友血洒疆场，英勇牺牲，朝鲁的战马“尕腊”也在最后一次战斗中倒下。珊丹始终被心中的朝鲁和“尕腊”牵引着，分别不久就跟随支前队伍奔赴前线。

新中国的成立，为草原带来了永久的和平。失去左臂的英雄朝鲁，放下属于他的荣耀，选择带着战友和战马的忠魂回归草原。

硝烟散尽的今天，历史的丰碑上字迹鲜红，那是我们永远都不能忘记的先烈——英雄的内蒙古人民骑兵！

（二）价值意义

舞剧《骑兵》这个作品属于革命历史题材。内蒙古骑兵部队是中国共产党领导

《骑兵》剧照 2

下的一支重要的人民武装力量，为新中国的建立浴血奋战作出了巨大牺牲，在中国人民解放军军史上写下了辉煌的一笔。在争取民族独立、人民解放的重要历史关头，他们顺应时代和历史大势，选择光明、选择正义、选择人民，作出了历史性的贡献，可歌可泣。内蒙古人民骑兵是马背民族驰骋疆场的最后形象，他们身上所表现出的忠诚、勇敢、爱国，是民族精神的集中体现。这个题材国内以往大型舞台艺术作品表现极少，选题具有独特性。内蒙古以往的舞台艺术作品往往较多地表现风格独特的民族风情、展示丰富多彩的草原生活，鲜有类似《骑兵》这样的作品。以舞剧的艺术形式反映这段恢宏的历史，主要是想通过骑兵彰显蒙古族骑兵乃至整个蒙古族的英雄气质、民族大义、家国情怀和精神高度，弘扬忠诚、勇敢、担当、忍辱负重、吃苦耐劳、一往无前的“蒙古马精神”。

骑兵这一群体就是对“蒙古马精神”最生动、具体的诠释和写照，离我们时代最近的马背精神的体现者。中华人民共和国成立以来的历次阅兵式中，骑兵受阅 4 次，其中内蒙古骑兵部队就参加了 3 次。谨以此剧讴歌党、讴歌祖国、讴歌人民、讴歌英雄，礼赞伟大祖国。

（三）艺术特色

《骑兵》是中国舞台历史上首部以骑兵为题材的大型原创舞剧，由内蒙古艺术剧院出品。1. 舞剧在人物刻画上以一个具体的普通蒙古族青年朝鲁为典型人物，塑造了一个朴素的草原儿女成长为一名坚定的共产主义战士的生命历程，表现出蒙古民族崇高的理想、坚定的信念，对英雄的崇敬是蒙古民族至高审美的体现。2. 舞剧在情感表达上力求把人与马的关系、战士与战马的情感作为本剧创作的核心突破点，构建一种全新的骑兵和战马形象。3. 舞剧在艺术风格上追求当代语境、民族风格、英雄气质，寻求对英雄的塑造不流于表面化，从人性的深度开掘情感表达以及对英雄的理解和阐述。4. 舞剧在核心思想体现上，从编导真情实感出发。“致敬我们的父辈；致敬人民骑兵；致敬草原儿女。”不忘历史，讴歌英雄，弘扬正能量。

5. 舞台呈现上，舞蹈语汇、音乐、服装、舞美、道具等的创作都以蒙古族元素为出发点，特别是要大量注入内蒙古科尔沁地区文化元素，在音乐、舞蹈语汇、服饰等方面表现突出。音乐方面大量使用了民族音乐和民族乐器，如《天上的风》《牧歌》等音乐和马头琴、呼麦等乐器和说唱方式的使用，既突出蒙古族特色，又注重音乐的戏剧性，将交响乐与民族音乐有机融合。舞美灯光视频设计力求简约和质感，用开阔的舞台表现草原的辽阔。服装设计、面料选择都以科尔沁服饰为基础，突出时代感和地域特色。道具方面设计使用了弹力球和弹板，努力表现出骑兵马上驰骋、奋勇杀敌的矫健身姿和战无不胜的英雄气概。

选择舞剧来展现这样一部宏大的革命历史题材而不是其他的艺术表现形式，是在充分考虑作品题材、故事内容和内蒙古文化艺术特质的基础上作出的选择。蒙古族舞善于抒情，适合表现草原男儿豪放、勇猛、彪悍的性格，而骑兵恰恰是一部以男性人物为主要表现对象的舞剧，与蒙古族舞这个舞种的艺术特性相得益彰，更能产生震撼力和说服力。

二、前期准备情况与保障条件

（一）前期准备情况

舞剧《骑兵》曾入选 2017 年度国家艺术基金大型舞台剧和作品创作资助项目。2019 年至 2021 年 8 月，该剧已在北京、上海、南京、无锡及内蒙古呼和浩特市、鄂尔多斯市、乌兰浩特市等地演出 90 场。舞剧《骑兵》先后荣获文化和旅游部 2019 年“西部及少数民族地区艺术创作提升计划”重点原创剧目，入选“2020 年度全国舞台艺术重点创作剧目名录”，入选庆祝中国共产党成立 100 周年舞台艺术精品创作工程重点扶持作品“百年百部创作计划”；入选内蒙古自治区重大主题文艺精品创作（2019 年至 2022 年）第一批项目名录，入选内蒙古自治区党委宣传部庆祝建党 100 周年“红色百年内蒙古”重点项目之一；2020 年 9 月 20 日参加第十二届中国舞蹈“荷花奖”舞剧评奖，荣获金奖，并在央视《舞蹈世界》《大幕开启》等栏目录制播出。接下来，将进一步强化剧情的合理性，进一步加强舞台艺术处理，进一步深入挖掘人物个性和民族文化内涵，为下一步剧目交流推广打下更扎实的基础。

（二）保障条件

该剧与呼和浩特市保利剧院管理有限公司签订了演出意向书，将于 2022 年在山西、河南、安徽、湖北、湖南、广东、福建等地进行巡回演出，并成立了专门的国内巡演项目领导机构，制定了切实可行的实施方案，为剧目巡演提供组织保障。同时，内蒙古艺术剧院将为剧目巡演提供经费保障支持，计划参加 2022 年第十三届中国艺术节暨第十七届“文华奖”评选。

三、项目实施计划

本次巡演预计演出 20 场，具体计划为：

（一）2022 年 9 月 23—24 日，山西大剧院 2 场；

（二）2022 年 9 月 28—29 日，河南艺术中心 2 场；

（三）2022 年 10 月 1—2 日，株洲神农大剧院 2 场；

（四）2022 年 10 月 6—7 日，赣州大剧院 2 场；

（五）2022 年 10 月 13—14 日，长沙梅溪湖国际文化艺术中心大剧院 2 场；

（六）2022 年 10 月 18—19 日，惠州文化艺术中心 2 场；

（七）2022 年 10 月 23—24 日，温州大剧院 2 场；

（八）2022 年 10 月 28—29 日，淮安大剧院 2 场；

（九）2022 年 11 月 2—3 日，潍坊大剧院 2 场；

（十）2022 年 11 月 7—8 日，大连国际会议中心大剧院 2 场。

巡演完成后，内蒙古艺术剧院将对巡演情况、资金使用、质量监督、项目成

《骑兵》剧照 3

果等方面进行全面总结，整理项目实施的有关影像、照片、文档、宣传资料、会计档案等，完成经费决算和审计报告，完成结项报告书，并提交国家艺术基金管理中心。

专家点评

该作品是中国舞台上首部以骑兵为题材的原创舞剧，将个人选择与民族选择紧密相连，是一部颂扬爱国主义精神、蕴含人类和平愿景的佳作。该作品曾获国家艺术基金大型舞台剧和作品创作项目资助、第十二届中国舞蹈“荷花奖”。在结项验收后，内蒙古艺术剧院继续进行修改提高，艺术质量有明显提升。在项目实施期间，先后获得第十七届“文华奖”、中央宣传部第十六届精神文明建设“五个一工程”优秀作品奖等奖项。项目实施计划明确且完备，影响面广泛，社会效益明显。

丝路记忆：甘肃多民族传统音乐巡演

甘肃省文化艺术研究院

2022年度传播交流推广资助项目

丝路记忆：甘肃多民族传统音乐巡演

甘肃省文化艺术研究院

2022 年度传播交流推广资助项目

一、项目内容

甘肃省位于我国西北部，是中华民族和华夏文明的重要发祥地之一，拥有悠久的历史和丰富多彩的文化资源。同时，甘肃是一个多民族聚居的地区，现有回族、藏族、东乡族、裕固族、保安族、蒙古族、哈萨克族、土族、撒拉族等 54 个少数民族，其中，东乡族、裕固族、保安族是甘肃特有的少数民族。甘肃少数民族音乐种类多样、色彩纷呈，展现了甘肃各民族安逸舒适的生活情调，反映了甘肃多民族的风土人情、时代特色、社会历史及文化演变过程。

“丝路记忆：甘肃多民族传统音乐巡演”现场演出照 1

多年来，甘肃省文化艺术研究院一直坚持对甘肃省各民族传统音乐的田野考察和资料搜集、整理、研究、宣传工作，使甘肃省多民族的传统音乐文化得到了展示和传播，获得了社会的极大认可，也得到了国内外学术界的高度重视。研究院在长期对甘肃省各民族传统音乐的演出实践活动和众多的理论研究成果的基础上，形成了一套更加科学、严谨的传统音乐保护传承模式，借以推动我国传统音乐的“高校传承”模式，促进甘肃省传统音乐进校园，为高校向民间学习，扩大传统音乐的社会影响力和知名度，传承和弘扬中华优秀传统文化，传播和交流传统音乐传承保护经验作出了积极贡献。

二、策划创意

党的十九大召开以来，大力发展和弘扬中国传统文化越来越受到普通高等院校和全社会的重视。怎样发挥高校优势，继承和发扬优秀中国传统音乐文化，一直成

“丝路记忆：甘肃多民族传统音乐巡演”现场演出照 2

为各高校和专业研究机构深入研究和积极实践的课题。本项目以甘肃省传统音乐类项目代表性传承人群研修班为班底，策划了“丝路记忆：甘肃多民族传统音乐巡演”，按照音乐会节目编排，从理论研究与实践成果展示的角度，呈现甘肃省多民族传统音乐文化高校活态传承新模式。本项目的策划与实施，有助于甘肃省传统音乐代表性传承人对中华优秀传统文化的感性认知，让在校大学生现场聆听并感受到甘肃省各民族形色各异、丰富多彩的传统音乐艺术的魅力，增进大学生对甘肃省民族民间音乐的了解和对祖国优秀传统文化的热爱。

“高校传承”相对“民间传承”而言，是指高校在对民间音乐学习、整理、加工和提炼基础上，利用高校资源，对中国传统音乐“同一乐种不同流派”进行有效吸收、整合、加工、提炼，形成一种不同于“民间传承”，又具有较强兼容性、广泛性、保障性和可延续性等特性的“高校传承”模式，从而打破民间音乐在传承中的派别性、保守性和局限性，通过高校教学和学术训练，把原汁原味来自民间，但又优于民间的中国传统音乐发扬光大。

三、艺术特色

“丝路记忆：甘肃多民族传统音乐巡演”，整场音乐会由四部分组成，以丝绸之路为主线，逐渐延伸至甘肃各民族、各地区。

（一）引子“丝路传说”

分别由国家级、省级代表性传承人演唱河州花儿《河州大令》《三闪令》《苍啷啷令》《白牡丹令》《浪三浪令》等花儿代表性曲令。高亢悠长的音调，相互简练的唱词，隽永深厚的意蕴，清丽俊逸的内格，让你感到赏心悦目，回味无穷，久久不能释怀。

（二）第二部分“丝路回声”

甘肃地方曲艺表演。包含曲牌丰富，唱腔优美，风格高雅，韵味悠长的兰州鼓子、曲调丰富、历史悠久的河西宝卷、乡土气息浓厚、词句优雅的河州平弦以及适合表演各种人物性格和思想情感。

（三）第三部分“丝路遐想”

展示甘肃少数民族音乐。包含二郎山花儿、莲花山花儿、张家川花儿、哈萨克族民歌、两当号子、藏族民歌、裕固族民歌等。

（四）尾声“丝路记忆”

按照体裁和民族分类，以上演经典作品为主，精心编排，以展示甘肃省各民族最为鲜明的音乐形态和舞蹈形态。全场涉及合唱、对唱、轮唱、独唱、齐唱并伴有现场伴奏，完全体现甘肃传统音乐演唱及伴奏的样态，能让观众充分感受到甘肃各民族民间音乐独特的艺术魅力。

“丝路记忆：甘肃多民族传统音乐巡演”现场演出照 3

四、实施计划

项目计划在 2022 年 3—4 月进行巡演，共计演出 18 场：

（一）2022 年 3 月 25—26 日，兰州金城大剧院，2 场；

（二）2022 年 3 月 29—30 日，北方民族大学，2 场；

（三）2022 年 4 月 1—2 日，陇东学院，2 场；

（四）2022 年 4 月 6—7 日，陕西师范大学、西安音乐学院，4 场；

（五）2022 年 4 月 18—19 日，青岛科技大学，2 场；

（六）2022 年 4 月 21 日，四川师范大学，2 场；

（七）2022 年 4 月 24 日，四川文化艺术学院，2 场；

（八）2022 年 4 月 28 日，西北民族大学，2 场。

本项目策划将聘请 55 名优秀传承人为音乐会演出人员。这一设计，既延续国家艺术基金国家资助的效力，展示甘肃省文化艺术研究院与高校联合“高校传承”教学成果，又能提供一台台高质量、高水平的甘肃传统音乐专场音乐会。因此，该项目的策划与实施，将有助于体现甘肃省传统音乐“高校传承”经验及成果；有助于进一步弘扬中国传统文化，增进民族自信、制度自信和文化自信；有助于让更多的年轻学子了解甘肃传统音乐，让甘肃省各民族传统音乐在广泛传播中发挥其作用、实现其价值。

项目预计在2022年12月完成所有演出计划，并就整个项目周期的巡演情况、资金使用、质量监督、项目成果等方面进行全面的审查验收，向国家艺术基金管理中心提交完整的结项材料。

专家点评

该项目选取了甘肃最具代表性的传统音乐曲目，涵盖东乡族、回族、裕固族、哈萨克族、藏族、蒙古族等多个少数民族音乐，彰显甘肃多民族传统音乐文化的历史价值和独特艺术魅力。

该项目按照音乐会节目编排，采用“高校传承”的模式，打破了“民间传承”的派别性和局限性，项目实施方案更具兼容性和可延续性，有利于年轻学子接触和了解甘肃传统音乐及民族文化，增强民族自信和文化自信。

吕剧《大河开凌》巡演

山东省吕剧院

2020年度传播交流推广资助项目

吕剧《大河开凌》巡演

山东省吕剧院

2020 年度传播交流推广资助项目

一、主要内容、策划创意和艺术特色

（一）主要内容

习近平总书记在“不忘初心、牢记使命”主题教育工作会议上强调，为中国人民谋幸福，为中华民族谋复兴，是中国共产党人的初心和使命，是激励一代代中国共产党人前赴后继、英勇奋斗的根本动力。作为一部聚焦“初心”的文艺作品，吕剧《大河开凌》全国巡演项目旨在围绕“庆祝中国共产党成立 100 周年”这一主题，配合“不忘初心、牢记使命”主题教育，不断增强人民群众对党的信任和信心。

《大河开凌》剧照 1

（二）策划创意

吕剧《大河开凌》是一部向信仰致敬的作品，于 2015 年确定选题并开始采风创作，2018 年 4 月在济南首演。该剧以历史上山东省广饶县刘集村共产党员和群众学习、使用、保护我国现存最早的《共产党宣言》中文译本，开展革命斗争的故事为题材，展现了中国共产党人坚定信念、追求真理，矢志不渝、视死如归，为国家和人民奉献一切的初心。

此项目由山东省吕剧院与中演演出院线深度合作，通过其成员单位在全国范围内配置剧场资源，实现标准化管理和集约化运营，这将为吕剧《大河开凌》巡演注入活力。中演演出院线具有各层面、多渠道的演艺资源和强大的市场营销能力，并积累了丰富的剧院运营管理经验，能为大型剧目的全国巡演提供日程咨询、经营策划与市场营销等一条龙服务。

《大河开凌》剧照 2

（三）艺术特色

一是从剧目本身而言，《大河开凌》通过小人物透视大事件，诠释大主题。该剧写出了中国民众在《共产党宣言》引领下觉醒的过程；写出了人物性格内在和外在的两极性，人物内心情感世界与相貌外形的两极性，戏剧冲突与矛盾自然不做作；舞台展现中空间的多变性，剧中场景的切换紧密契合剧情发展，展现了特别现代化的舞台戏曲审美；塑造了个性鲜明的人物形象，包括大智若愚的“迷糊”，外柔内刚的“新雨”，有情有义的“刘仁德”；利用吕剧“接地气”的特点，反映山东本土历史上发生的真实故事，极具亲和力。

二是《大河开凌》登上舞台一年多来，先后在北京、山东、宁夏等地巡演，受到观众及业内专家的认可。中国文艺评论家协会主席仲呈祥认为，《大河开凌》剧本在艺术化、审美化地表现弘扬主旋律的重大革命题材领域，作出了具有重大意义的探索。这是创作人员集体学习领悟践行习近平新时代中国特色社会主义思想的重要成果，是新时期以来党的文艺路线要求的“文艺为人民服务、为社会主义服务”的创作实践。

二、前期准备情况

（一）充分进行项目论证

近几年，山东省吕剧院根据组织实施国家艺术基金全国巡演项目和原文化部全国巡演项目的情况总结经验，并结合本次巡演项目的主题立意、艺术特点、社会影响等因素充分进行论证，确定立项申报。同时，山东省吕剧院也对 2020 年和 2021 年的工作进行专项部署，力争围绕《大河开凌》全国巡演来开展，全心全意做好项目巡演工作。

（二）方案制订详细精确

制订《庆祝中国共产党成立 100 周年——吕剧〈大河开凌〉全国巡演活动实施方案》，确保全国巡演活动顺利开展。实施方案制订详细，每个城市的演出活动，从人员组成、日程安排、车辆行程、媒体宣传等方面都提前做了详细的计划，整个计划切实可行，并经过山东省吕剧院与中演演出院线反复论证后确定。

（三）完善的院线保障

全国巡演将在北京、河北、山西、山东、河南等地开展，共演出 13 场。山东省吕剧院将与中演演出院线发展有限责任公司合作完成，充分发挥院线的资源优势，争取经济效益与社会效益的最大化。

（四）完善的排练计划

目前已经制订详细的排练计划，对《大河开凌》进行打磨提升，确保演出质量，为全国巡演做好准备。对项目人员进行遴选梳理，确定了约 100 人的演职员队伍。对演出用灯光、服装、道具、音响、化妆等设备物资自筹资金进行维护和更新，全力保障演出工作的顺利实施。

（五）加强宣传推广

成立《大河开凌》全国巡演宣传工作组，制订相关宣传计划，确保该项目开展前后及过程中的宣传推广工作。此次宣传工作组包含来自《中国文化报》、山东电视台、齐鲁网等多家媒体的经验丰富的记者。届时，将一同随队出发全程采访、跟踪报道，全程记录下《大河开凌》全国巡演的一个个精彩瞬间。

《大河开凌》剧照 3

三、保障条件

（一）项目优势突出

《大河开凌》一剧是2018年度国家艺术基金大型舞台剧和作品创作资助项目，文化和旅游部2018年度剧本扶持工程入选剧目，2019年度“国家舞台艺术精品工程”入选剧目，曾荣获山东省舞台艺术精品工程入选剧目，第十一届山东文化艺术节山东文化艺术“优秀剧目”。该剧主题鲜明、质量过硬，完全符合申报条件。

（二）整合优势资源，互惠共赢

山东省吕剧院与中演演出院线发展有限责任公司签订合作协议，充分发挥院线的资源优势，为全国巡演提供了剧场保障。通过深度合作、精心策划，将《大河开凌》

全国巡演努力做成影响大、覆盖地区广、社会效益和经济效益佳的剧目巡演项目。

四、实施计划

吕剧《大河开凌》将于2020年12月至2022年4月，在全国范围内巡回演出13场。具体演出计划如下：

（一）2020年12月25—26日，在河北石家庄大剧院演出2场（项目首演）；

（二）2021年9月22—24日，在山东济南百花剧院演出3场；

（三）2022年3月24—25日，在河南郑州大剧院演出2场；

（四）2022年4月9—10日，在北京全国地方戏演出中心演出2场；

（五）2022年4月12—13日，在山西太原华夏剧场演出2场；

（六）2022年4月22—23日，在山东德州大剧院演出2场。

专家点评

《大河开凌》从一个小视角切入，以一名普通的农民守护《共产党宣言》的故事为线索，展现了《共产党宣言》唤起民众的意识觉醒，以及共产党员坚定理想信念、甘愿为人民解放奉献一切的初心。

该项目曾获2018年度国家艺术基金大型舞台剧和作品创作资助、2019年度国家艺术基金大型舞台剧和作品滚动资助，入选文化和旅游部“庆祝中国共产党成立100周年舞台艺术精品创作工程”百年百部创作计划重点扶持剧目，在建党百年之际，创排和演出《大河开凌》意义重大。作品情节丰富，故事性强，展现了山东厚重的革命历史传统和吕剧艺术魅力。

中国艺术研究院
中国画创作巡回展

中国艺术研究院

2020 年度传播交流推广资助项目

中国艺术研究院中国画创作巡回展

中国艺术研究院

2020 年度传播交流推广资助项目

一、主要内容

中国画，简称“国画”，是我国传统造型艺术之一，在世界美术领域中自成体系。大致可分为人物、山水、界画、花卉、瓜果、翎毛、走兽、虫鱼等画科，有工笔、写意、勾勒、设色、水墨等技法形式。设色又可分为金碧、青绿、没骨、泼彩、重彩、淡彩、浅绛等几种。主要运用线条和墨色的变化，以勾皴点染、浓淡干湿、阴阳向背、实虚疏密和留白等表现手法，来描绘物象与经营位置，取景布局，创造意境。中国画是中国传统文化中的瑰宝，历史悠久，传承有序。中国画强调“外师造化，中得心源”，要求“意存笔先，画尽意在”，强调“融化物我，达意畅神”，达到以形写神、形神兼备、气韵生动。在谢赫“六法论”中初步提出了骨法用笔的

“中国艺术研究院中国画创作巡回展”展厅

“中国艺术研究院中国画创作巡回展”现场 1

问题。唐张彦远在《历代名画记》“论画六法”一文中说：“古之画或能移其形似而尚其骨气，以形似之外求其画，此难与俗人道也……夫象物必在于形似，形似须全其骨气，骨气形似，皆本于立意而归于用笔。”这就是说，要画好一幅中国画，注重用笔用墨是关键。画家在创作过程中，通过对客观存在的记忆，予以缜密的组织、提炼、概括，在画面上再现自然物象的形神时，必须仰赖用笔和用墨，用笔塑造形象，用墨表达神态，从而达到艺术高度的气韵生动。也就是说，画家所追求的艺术真实，并不等于纯客观的自然真实，一定要通过画家的思想智慧，运用笔墨手段，予客观物象以更集中、更理想、更概括的感人表现。

笔墨是中国的艺术语言、形象韵味，包揽无余。艺术性高就是笔墨要求高，构图色彩好。不是繁复琐屑，不是包罗万象，必须富有代表性、典型性。绘画形象是有生命的，皆要从笔墨的熟练运用中表现出来，在理论上强调笔为主导，墨随笔出，相互依赖辉映，完美地描绘物象，表达意境，以取得形神兼备、气韵生动的艺术效果和内在精神。可以说，中国画的精神就是笔墨精神。

“中国艺术研究院中国画创作巡回展”现场 2

二、艺术特色和价值意义

（一）艺术特色

中国画是中国传统文化的瑰宝，是独具悠久历史和优良传统的中国民族传统绘画。中国画源远流长，凝聚着中华民族的性格、心理、情感、意蕴、气质、精神，以其鲜明的特色和风格在世界画苑中独具体系。其艺术特色有如下三个方面：一是注重品格与意境的追求，强调“外师造化，中得心源”“意在笔先，游心象外”。二是注重以形写神、形神兼备的笔墨运用，就是以生活为源泉，通过画者的理想和艺术手法的处理，将被描绘的对象提炼成为达到传神境界的艺术形象。三是技法表现和章法布局处理的灵活性，多以勾、皴、擦、点、染、干、湿、浓、淡，留白、阴阳向背、虚实疏密，空白处理和构图不受时间、空间的限制，不受焦点透视拘泥的灵活手法，来表现物象和经营画面位置。

（二）价值意义

中国画的美学价值在于美化人们的生活，陶冶人的情操，丰富人的内心精神世界，满足人的精神文化需求，我们要跟上蓬勃发展的时代步伐，倾听人民的心声、人民的需要，以充沛的激情、生活的笔触、感人的形象，创作生产出更多更好的、人民喜闻乐见的优秀作品，让人民精神文化生活不断迈上新台阶。

本项目可以让艺术家们通过采风写生创作活动，锻炼队伍、培养人才，提高艺术水平，打造一支德艺双馨的创作队伍。通过全国巡回展览和与地方的文化交流，促进传统文化艺术和社会主义精神文明建设的发展。

三、实施计划

（一）准备阶段

本项目现已联系参展及研讨的专家有郭怡孮、田黎明、刘万鸣、张望、孔维克、吴悦石、徐里、徐福山、杨华山、汤立、洪潮、卫德章、李晓松、孟庆占、雷苗、孙棋、高茜、李刚、臧家伟、王德芳、林维、徐累、张龙新、崔自默、崔庆忠、陈亚莲、夏冰、陈年、姜鲁沂、张爱玲、潘映熹、王晓燕等国内知名艺术家，展品及研讨水平高。同时，已初步联系展览场馆，签订展览协议。另外，展览、视频拍摄、出版等工作已准备就绪。

（二）保障条件

1. 中国艺术研究院是文化和旅游部直属的事业单位，是我国唯一一所集学术研究、艺术创作、艺术教育、非遗保护和文化智库五位一体的国家级综合性艺术机构。院领导和部门领导对本项目高度重视，积极支持，组织有力，这是组织保障。

2. 中国艺术研究院文学艺术院创作团队近年来曾多次组织“双扎根”活动，扎根生活、扎根人民，采风写生，积累了丰富的创作素材，也创作了很多优秀作品，这是创作保障。中国艺术研究院有文化艺术出版社，是经验丰富、实力雄厚的文艺类图书出版机构，是本项目画集出版的技术保障。

3. 中国艺术研究院有《美术观察》《文艺批评》《艺术时空》《中华文艺画报》等文艺学术期刊，是本项目宣传报道、学术研讨和艺术推广的宣传保障。

（三）巡展计划

2020 年 4 月 29—30 日完成展前相关工作及布展。2020 年 5 月 1 日在北京荣宝斋美术馆完成首展，并举办学术研讨会和艺术讲座。

1. 2020 年 5 月 5—11 日，中国美术馆，展览 1 场；

2. 2020 年 8 月 1—9 日，上饶博物馆，展览 1 场；

3. 2020 年 11 月 1—9 日，山东美术馆，展览 1 场；

4. 2021 年 3 月 1—8 日，延安革命纪念馆，展览 1 场；

5. 2021 年 6 月 4—13 日，东营市美术馆，展览 1 场。

专家点评

中国传统美术包含的领域非常宽广，中国画在其中起着非常重要的艺术性作用，体现了审美和文化基因。

该项目邀请了众多国内知名艺术家，全面展现了项目主体在艺术创作领域的传统积淀、创新能力和学术高度。项目传播交流推广结合展览、学术研讨会和讲座，内容和方式多样。展览主题鲜明，参展的艺术家们年龄跨度非常大，老中青三代艺术家齐聚一堂，体现了中国绘画的薪火相传。

豫剧《村官李天成》《焦裕禄》《重渡沟》巡演

河南豫剧院

2020 年度传播交流推广资助项目

豫剧《村官李天成》《焦裕禄》《重渡沟》巡演

河南豫剧院

2020 年度传播交流推广资助项目

一、主要内容、策划创意和艺术特色

（一）主要内容

豫剧《村官李天成》《焦裕禄》和《重渡沟》中的 3 个艺术形象是根据现实生活中的原型——河南濮阳西辛庄党支部书记李连成同志、原河南兰考县委书记焦裕禄同志和栾川马海明乡长艺术创作而成的，他们无一例外，都是优秀共产党员的代表、党的好干部的模范形象。这 3 个剧目都是弘扬时代主旋律的精品剧目，展现了我们党、我们的人民在历史的潮流中，用生命抒写“鞠躬尽瘁，死而后已”的为民敢为、为民无畏的高尚情怀。

《村官李天成》剧照

豫剧《村官李天成》取材于河南省濮阳市西辛庄村党支部书记李连成的先进事迹。该剧讲述李天成牢牢地把握住了时代跳动的脉搏，认准了一个共产党人的先进性就在于他敢于站在时代前列的开拓意识、创新意识，并且在这条艰难探索的路上坚定地走下去。他要带领和鼓励全村人走致富的道路。在迈向富裕的征途中，村民们从李天成身上真切地看到一个共产党人的责任和本色，一个领头人的情怀。“当干部就应该能吃亏，能吃亏自然就少是非……能吃亏、肯吃亏、不断吃亏，工作才能往前推。吃亏吃亏常吃亏，吃得你人格闪光辉。”充分展现了一位直率、执拗、有情有义、有担当、有情怀的党的优秀基层干部形象。

豫剧《焦裕禄》，取材于原兰考县委书记焦裕禄同志。毛主席说他“为人民而死，虽死犹荣”。穆青、冯健、周原的一篇《县委书记的榜样——焦裕禄》让这位好书记的形象耳熟能详、妇孺皆知，为了老百姓的幸福生活，他最终病倒在自己的工作岗位上，留下了那张“双手叉腰的公仆形象”照，深入人心，代代相传。该剧通过焦裕禄书记“礼送灾民”“访困平反”“发放议价粮”“痛斥浮夸”等情节，让我们看到了一个真正以人民利益为重的共产党人的高尚情操和担当精神。

豫剧《重渡沟》以精准扶贫攻坚战为背景，以基层副镇长马海明真人真事为素材，讲述一个基层党员干部马海明以半生岁月建设开发国家级景区重渡沟的同时，坚持保护环境，最后以身殉职的人生故事。

（二）策划创意

适逢中华人民共和国成立70周年和党的百年诞辰，为了纪念我们祖国在伟大的党的带领下如何走出百年屈辱，如何建立新中国，如何带领全国各族人民脱贫致富，繁荣富强，巍然屹立在世界东方，我们精心筹划3部主旋律精品剧目“公仆三部曲”——《村官李天成》《焦裕禄》《重渡沟》全国红色革命路线行。以此激发全党上下、全国各族人民为实现中华民族伟大复兴梦而万众一心，拼搏精进！

（三）艺术特色

《村官李天成》获得第九届中国艺术节文华优秀剧目奖，演出场次1210场。《焦裕禄》2016年获得中国艺术节“文华奖”第一名，演出已过千场。《重渡沟》2017年10月首演，现已上演100多场，荣获2019年第十二届中国艺术节大奖。“文华奖”是我国政府最高奖，也是最高荣誉，更是我国艺术领域公认的最高水平的艺术精品，豫剧《村官李天成》《焦裕禄》《重渡沟》3部作品是载入中国戏剧艺术史的精品剧作。

3部作品有以下特点：都是塑造鲜明生动、真实感人的基层优秀党员干部形象；都是贴近生活现实主义题材；都是表现不同时代的新人物；都是在题材的开掘上有新意、有突破；都是在艺术效果的呈现上开创性地展现强劲的艺术感染力和震撼力；都是能在戏曲舞台上塑造新时期的新的艺术形象；都是具有强烈的现实性和积极的教育意义的优秀作品。

二、前期准备情况和保障条件

（一）前期准备情况

由团领导直接负责项目论证和申报事宜，研究制订申报方案，整理申报材料。市场部依靠长期建立的市场渠道和业务关系，结合各地具体情况，规划路线，确定剧场，积极做好宣传推广，全力推进巡演进程，确保演出顺利进行。

为使巡演取得更好的社会效益，以团业务骨干组建巡演团队，制订加工提高方案，对剧目每个情节进行精细、精准、精确化的处理，力求把每个段落和环节做到最佳。二度呈现在原有舞台基础上，根据巡演条件的不同，调整舞美装置，更加突出主题，更加适应现代观众精神文化和艺术审美需求。

（二）保障条件

河南豫剧院三团是全国编演现代戏的红旗团，始终秉承“与人民连心，与时代前行”。经典现代戏剧目《朝阳沟》《刘胡兰》《小二黑结婚》《倔公公与犟媳妇》《儿大不由爹》《红果红了》《香魂女》等久演不衰。现代戏《红果红了》《香魂女》《焦裕禄》《重渡沟》等均获得“文华奖”，是全国极为罕见的现象，成为原文化部确定的首批“全国地方戏创作演出重点院团”。不仅荟萃了20多名一级演职员，还拥有一大批二级演职员及创作人员，为巡演提供了充实完备的人力资源支撑。

三、实施计划

本次豫剧“公仆三部曲”预计演出18场，具体计划为：

（一）2021年10月13日，《焦裕禄》在深圳大剧院演出1场。

（二）2021 年 10 月 19 日，《重渡沟》在河南艺术中心演出 1 场。

（三）2021 年 10 月 20 日，《焦裕禄》在河南艺术中心演出 1 场。

（四）2021 年 10 月 21 日，《村官李天成》在河南艺术中心演出 1 场。

（五）2023 年 2 月 24 日，《焦裕禄》在哈密南粤文化中心演出 1 场。

（六）2023 年 2 月 26 日，《重渡沟》在哈密南粤文化中心演出 1 场。

《重渡沟》剧照

（七）2023 年 2 月 27 日，《焦裕禄》在兵团第十三师新星市文化馆演出 1 场。

（八）2023 年 3 月 1 日，《重渡沟》在兵团第十三师新星市文化馆演出 1 场。

（九）2023 年 3 月 10 日，《村官李天成》在河南省安阳市殷都区铜冶镇东积善村演出 1 场。

（十）2023 年 3 月 10 日，《焦裕禄》在河南省安阳市殷都区铜冶镇东积善村

《焦裕禄》剧照

演出 1 场。

（十一）2023 年 3 月 11 日，《重渡沟》在河南省安阳市殷都区铜冶镇东积善村演出 1 场。

（十二）2023 年 5 月 15 日，《焦裕禄》在三门峡文博城大剧院演出 2 场。

（十三）2023 年 5 月 19 日，《焦裕禄》在济源市望春剧场（文化城大剧院）演出 2 场。

（十四）2023 年 5 月 22 日，《村官李天成》在林州市文化馆红旗渠剧场演出 1 场。

（十五）2023 年 5 月 24 日，《重渡沟》在林州市文化馆红旗渠剧场演出 1 场。

（十六）2023 年 5 月 26 日，《焦裕禄》在林州市文化馆红旗渠剧场演出 1 场。

巡演完成后，河南豫剧院将针对巡演情况、资金使用、质量监督、项目成果等方面进行全面总结，整理项目实施的有关影像、照片、文档、宣传资料、会计档案等，完成经费决算和审计报告，完成结项报告书，并提交国家艺术基金管理中心。

专家点评

豫剧《村官李天成》《焦裕禄》《重渡沟》三部作品均取材真实故事，紧扣时代脉搏，集思想性、艺术性和观赏性于一体，具有鲜明的时代特色和现实意义。其中，豫剧《焦裕禄》获中宣部第十三届精神文明建设“五个一工程”奖戏剧组第一名、第十一届中国艺术节暨第十五届中国文化艺术政府奖“文华奖”等荣誉，曾获国家艺术基金传播交流推广项目资助、大型舞台剧重点加工修改提高项目资助。该项目三部作品扎根生活、继承传统，接地气、贴近老百姓生活。体现了党员干部形象所折射的时代精神，也是时代的画像，具有深刻的文化艺术内涵。

“中国西部地区精准扶贫、精准脱贫成果”版画创作巡展

云南艺术学院

2020 年度传播交流推广资助项目

“中国西部地区精准扶贫、精准脱贫成果”版画创作巡展

云南艺术学院

2020 年度传播交流推广资助项目

一、主要内容、策划创意和艺术价值

（一）主要内容

“‘中国西部地区精准扶贫、精准脱贫成果’版画创作巡展”项目是在《中共中央、国务院关于打赢脱贫攻坚战的决定》战略背景下，围绕中国西部地区“精准扶贫、精准脱贫”取得的成果，植根于西部文艺的实际创作土壤，讴歌党、讴歌祖国、讴歌人民、讴歌英雄提出的具有可行性、创新性与多样性的版画艺术创作巡展。

该项目旨在描绘在中国西部地区“精准扶贫、精准脱贫”路上呈现出来的中国故事，以西部地区承担的脱贫攻坚主体责任的历史使命为主题，丰富“精准扶贫、

广西美术馆展览现场 1

精准脱贫”的主题艺术创作，彰显西部地区的多元艺术内涵、历史文化底蕴，记录“精准扶贫、精准脱贫”作为新时期党和国家扶贫工作的精髓和亮点，记录实施过程中涌现出来的感人事迹与时代英雄，包括人民生产生活方方面面的转变、新的生活风貌、喜人成果和扶贫路上的改革与创新等。

（二）策划创意

西部地区贫困人口多、贫困发生率高、深度贫困占比大，是我国脱贫攻坚的重点区域。西部地区是我国的少数民族主要聚集地，少数民族人口占到全国少数民族总人口的 72.32%，各地区形成了各具特色的区域文化艺术，40 多个少数民族的传统艺术文化丰富着整个中华传统文化。版画艺术拥有悠久的历史传统，在西部地区，通过几代版画家的努力和发展，培养了大量优秀的版画艺术家，成为西部地区文化艺术不可或缺的重要力量，也让版画艺术构成西部各地区艺术生态必不可少的组成部分。在整个西部地区活跃着一大批版画家，他们是西部文艺创作年轻而富于朝气的文化艺术实践者，年复一年地在这片地区创作出大量优秀的版画作品。历年来，各界力量在全国范围内开展了众多的版画培训、培养项目，仅国家艺术基金艺术人才培养资助项目和青年艺术创作人才资助项目涉及版画类的就不少于 10 项，积累了大量优秀的版画人才。

（三）艺术价值

1. 该项目直接关联历年来的“中国西部地区精准扶贫、精准脱贫”成果，构建起时间上的版画“培养项目”资源承接、空间上的区域连接，推动版画家进一步成长，挖掘西部文化艺术深刻历史价值，加强西部各地区版画艺术的交流和联系，以此促进西部地区版画艺术的持续发展。该项目在展览与推广过程中，以精品的视觉艺术项目展现版画艺术的魅力，不仅能发挥对西部的文化传播作用，还能提高广大人民对版画艺术的认知程度，让人民感受版画艺术的魅力、接受版画艺术的熏陶。

2. 建立起“精准扶贫、精准脱贫”在人民心中的直观印象，扩大版画艺术的影响力，让有志于艺术的人群及艺术工作者投身到版画创作中来，壮大版画创作队伍，培育版画土壤，繁荣区域文化艺术，夯实“精准扶贫、精准脱贫”中的西部地区文化建设，促进西部地区版画艺术的交流合作，并对历年来各类版画培养项目的人才资源进行整合、承接，有利于健全“精准扶贫、精准脱贫”中的文化交流合作机制。

3. 完善西部地区“精准扶贫、精准脱贫”文化交流合作的平台建设，推动“实施精准扶贫、精准脱贫，坚决打赢脱贫攻坚战”各项事业的繁荣发展，打造一个立足于整个西部地区版画艺术长期发展下的西部地区“精准扶贫、精准脱贫”的中国故事，在中国和人类减贫史上或将成为史无前例的历史奇迹。

二、前期准备情况

（一）该项目展览已完成相关策展工作，作品的收集整理已在进行中，数量为100件左右，寓意“新时代百花齐放”，本次展览作品的征集分为三个部分：1. 整合历年来国家艺术基金资助项目培育出的优秀版画家及其作品；2. 征集全国版画艺术家主题创作作品；3. 主题约稿创作。

（二）与本次项目巡展地区的展出单位已达成双方展览意愿并签署意向性合同。经过认真考察，本次项目巡展制定了最具展览意义的路线，选择北京、昆明、重庆、银川、南宁的场馆作为本次巡展场所，以期更好地完成本次项目。

（三）与中国网、云南广播电视台新媒体中心等多家媒体达成合作意向，在巡展期间将持续报道。

三、保障条件

（一）具有成熟完善的大型展览实施经验

云南艺术学院在人才培养、展览传播推广、民族文化交流与传承上积累了丰富的经验。美术学院近年来把展览交流作为办学中的重要环节，创建展览实施机制，成立了展览学术委员会，积极组织推动各类师生的作品。近3年来，美术学院主办或承办各种类型、各种形式的大型展览，有足够丰富的经验。

（二）具有较高水平的展览作品

参与本次项目的创作作品来源：1. 历年来国家艺术基金资助项目培育出的优秀版画家及其作品；2. 征集全国版画艺术家主题创作作品；3. 主题约稿创作。以保证本次展览项目的作品质量，在追求较高水准的同时，也呈现出版画艺术的多样性与丰富性。

广西美术馆展览现场 2

（三）软硬件支持和配套经费扶持

云南艺术学院对于国家艺术基金项目非常重视，在项目前期筹备阶段，校领导多次来项目筹备团队予以指导，对于本次申报的巡展项目提供软硬件支持和充足的经费保证。如果立项，学院将给予 1:1 的配套经费扶持。

四、实施计划

本次巡展共计 5 场，展出 100 位作者 147 件作品。展览安排为：

（一）2020 年 6 月 18—28 日，云南艺术学院图书馆；

（二）2020 年 8 月 28 日至 9 月 8 日，广西美术馆；

（三）2020 年 9 月 15—25 日，四川美术学院美术馆；

（四）2020 年 10 月 13—23 日，银川当代美术馆；

（五）2020 年 11 月 12—18 日，北京民族美术馆。

届时将邀请有关专家媒体出席开幕式，进行及时报道。同时举行该展览的学术研讨会。参加人员除参展艺术家外，还邀请同行专家、美术理论专家、艺术媒体等有关人员对该次展览进行学术研讨。整理展览资料、艺术家简历、作品图录、每场展览的宣传片、图片、视频、大众反响以及学术活动的记录文件等材料，按期准备结项材料，报送国家艺术基金管理中心结项验收。

专家点评

该项目巡展全方位、多视角展现了中国西部地区“精准扶贫、精准脱贫”所取得的建设性成果。巡展版画作品形式丰富，充分运用了现实主义版画这种具有较强叙事性和优越性媒介传播功效的艺术创作形式，全面呈现了中国西部地区“精准扶贫、精准脱贫”过程中的现实风貌，很好地发挥了版画艺术“图像叙事”和媒介传播的社会功效。

艺术人才培训资助项目

艺术人才培训资助项目，资助坚持以习近平新时代中国特色社会主义思想为指导，全面贯彻落实党的二十大精神，深入学习贯彻习近平文化思想，坚持为人民服务、为社会主义服务，坚持百花齐放、百家争鸣，坚持创造性转化、创新性发展，围绕举旗帜、聚民心、育新人、兴文化、展形象建设社会主义文化强国，以培育造就大批德艺双馨的文艺家和规模宏大的文艺人才队伍，推出更多满足人民文化需求和增强人民精神力量的优秀作品，建设中华民族现代文明为目标的培训项目。

重点资助以造就有影响的各领域艺术领军人物为目标的艺术人才培训活动；关系到舞台艺术和美术事业传承和长远发展的特殊、急需、紧缺的艺术人才培训活动；满足基层艺术事业发展需要的优秀实用型艺术人才培训活动；培养有利于戏曲艺术传承发展的优秀艺术人才培训活动。

第五部分

艺术人才培训资助项目

东北地区珍稀濒危剧种音乐人才培养

吉林艺术学院

2022 年度艺术人才培训资助项目

东北地区珍稀濒危剧种音乐人才培养

吉林艺术学院

2022 年度艺术人才培训资助项目

戏曲音乐是区分剧种的根本特质，从某种意义上讲是剧种的“DNA”，戏曲音乐的传承发展决定着戏曲艺术的存活。本项目以吉林省的黄龙戏、新城戏、唱剧，辽宁省的辽南戏、海城喇叭戏，黑龙江省的龙江剧以及内蒙古自治区的漫瀚剧 7 个濒危剧种为切入点，立足东北戏曲文化传统，依托吉林艺术学院音乐教育、民族民间音乐研究上的专业优势以及业内戏曲音乐创作、理论及实践层面的教学资源，对接戏曲院团在剧目生产创作、传习上的需求，挖掘培养一批包括作曲、配器、合成制作、演奏在内的优秀青年音乐人才，创新濒危剧种的音乐人才培养模式，逐步缓解东北地区濒危剧种面临的音乐人才短缺、断档等困境，以传承助创新，激发濒危剧种的内生动力。

一、项目意义

一是搭建资源共享与协同创新的教学交流平台，丰富濒危剧种音乐人才培养的模式，逐步建立人才培养的机制，在国家政策扶持，即“输血”的同时，实现濒危剧种自身的“造血功能”，缓解东北濒危剧种在传承发展中面临的人才匮乏、传承断层等困境。贯彻落实国家对于弘扬优秀传统文化、支持戏曲传承发展的政策，积极贯彻落实习近平总书记在文艺工作座谈会以及中国文联十大、作协九大等系列重要讲话精神，贯彻落实中共中央办公厅、国务院办公厅《关于实施中华优秀传统文化传承发展工程的意见》和国务院办公厅《关于支持戏曲传承发展的若干政策》精神，推动东北濒危剧种的保护、传播和传承，弘扬中华优秀传统文化、增强文化自信。

二是通过专业性、高层次的音乐人才培养提升濒危剧种音乐创作的水平，积极探讨专业作曲与戏曲音乐的互通、互融，多元文化进程中民族民间音乐、戏曲音乐所面临的转型与融合，以及如何创作符合现代观众审美的优秀戏曲音乐作品等问题，为全国濒危剧种的持续、创新发展提供一条路径。

三是以戏曲类、艺术类院校作为弘扬戏曲文化的教育基地，将高校戏曲音乐人才培养与院团、社会的需求结合起来，探索校、团联合培养濒危剧种人才的模式。落实《关于新形势下加强戏曲教育工作的意见》，充分运用高校自身优质教育资源，传播戏曲文化，吸引越来越多的优秀青年作曲人才特别是高校师生加入戏曲事业，培养一批具有扎实戏曲音乐创编功底、戏曲文化素养、广阔艺术视野的青年人才，实现教学成果学以致用、研以致用，为实现戏曲艺术的繁荣凝聚力量，为高校艺术教育服务地方文化事业、推动地方文化事业建设作出积极的探索。

二、培训对象

东北濒危剧种院团优秀音乐创作人员、演奏员，全国戏曲类院校、艺术类院校相关专业师生，全国有志于戏曲音乐创作的中青年音乐人，择优录取 20 名学员。

三、前期准备

（一）设施条件

培训中心设有多媒体大教室，计算机、音响、投影仪等现代化教学设施齐全、设备先进，另有音乐教室，能够满足教学与学员排练要求。

（二）主要师资力量（排序按授课顺序）

张东航：吉林艺术学院党委书记、二级教授。

张　刚：文旅部民族民间文艺发展中心原副主任、沈阳音乐学院教授、戏曲理论家。

朱飞跃：文旅部民族民间文艺发展中心研究员，戏曲声腔理论家。

辛雪峰：中国艺术研究院戏曲研究所教授。

孙晨荟：中国艺术研究院音乐研究所副研究员。

赵　倩：中国艺术研究院副研究员、硕士研究生导师。

吴新苗：中国戏曲学院科研处处长、《戏曲艺术》主编。中国戏曲学会理事。

徐志远：一级作曲、文化和旅游部优秀专家、享受国务院政府特殊津贴专家，安徽戏曲音乐学会常务副会长。

冯志莲：沈阳音乐学院院长、教授，戏曲音乐专家。

王建仁：黑龙江省艺术研究院一级作曲家。

金士贵：一级作曲、二人转音乐家。

杨柏森：一级作曲、二人转音乐家。

赵黎东：吉林省音乐家协会理事、吉林省民族管弦乐学会副会长，一级作曲、指挥。

苏　威：吉林艺术学院院长、教授。

陈吉风：吉林艺术学院民族民间音乐研究所所长、二级教授、硕士研究生导师，享受国务院政府特殊津贴专家。

金士友：东北师范大学教授、音乐理论家。

金顺爱：东北师范大学教授、博士研究生导师，吉林省教学名师、东北少数民族音乐研究中心主任。

曹保明：吉林省民间文艺家协会主席。

朱立春：吉林省社科院民族所所长。

四、培训计划

本项目培训周期为2022年11月28日至2023年1月27日，培训总时长共60天，其中，集中授课30天。

具体培训安排：

（一）2022年11月28日，举行开班仪式；

（二）2022年11月28日至12月27日，集中授课；

（三）2022年12月28日至2023年1月27日，实践观摩、创作交流、汇报演出。

五、课程设置

主要课程有“含英咀华，守正创新——结合二十大精神学习习近平总书记关于文艺创作的重要论述”“东北民族民间音乐”“北方戏曲音乐结构分析与写作”“吉剧音乐结构分析与写作”“评剧音乐结构分析与写作”“满族新城戏的音乐创作”“东北二人转音乐”“中国民族民间音乐”“东北民歌”“戏曲音乐的线性思维和多声性形态”“戏曲音乐美学的几个问题”“戏曲剧种的分布、分类和相互关系”“稀有剧种当代发展观察”“东北地方戏曲曲牌、小调、小帽”“演唱声音与润腔关系”“舞台表演创作方法”“音乐人类学视域下的东北民族民间音乐”“当代戏曲音乐创作宏观视野下濒危剧种的发展与思考”“秦腔音乐的百年变迁”“新中国戏曲声乐学科的理论与实践发展”“曲艺到戏剧的戏曲音乐建构”“濒危剧种田野考察经验”“东北亚丝绸之路上的非遗实践与文化遗存”“东北地域文化田野考察”“东北故事”，以及观摩演出及排练、交流座谈与汇报演出等。

六、成果形式

学员通过集中培训、艺术实践完成作品的创作和展示。组织专家对学员作品进行评审，形成结项作品集。优秀作品集中排练，于 2023 年 1 月在桃李梅大剧院进行展示 / 演出。

专家点评

该项目依托东北丰富的戏曲文化资源，立足黄龙戏、新城戏、唱剧等 7 个剧种，充分把握戏曲音乐人才培养规律，探索校、团联合培养人才的模式，将高校戏曲音乐人才培养与院团、社会需求相结合，努力挖掘培养一批拥有强烈的历史使命感和社会责任感、专业技能突出、具有创造性转化能力、适应当前社会和戏曲事业发展需要的青年戏曲音乐人才，深入推进东北濒危剧种的保护、传承与传播。培训方案丰富、详实，很好地利用了高校资源。

西南地区基层青年
灯光设计人才培养

西南民族大学

2022 年度艺术人才培训资助项目

西南地区基层青年灯光设计人才培养

西南民族大学

2022 年度艺术人才培训资助项目

舞台艺术是一门综合性艺术，需要众多台前幕后的艺术工作者花费大量的时间精力共同完成。舞台灯光历来就有“舞台上流动的画笔”之称，而灯光设计人员作为主创核心团队成员之一，对舞台艺术作品的成败起着举足轻重的作用。本项目立足西南，通过理论与实践并行的教学方式，为基层青年灯光设计师提供一个在技术和艺术上提升的机会，也为基层文艺团体培养自己的核心主创人员提供平台，助力各基层文艺团体创造出更多更好的舞台艺术作品。

一、项目意义

从全国范围来看，舞台灯光设计人才一直是舞台艺术创作人才中比较紧缺的一类，且现有人才绝大部分集中在“北上广深”和一些相对发达的省会或者东部沿海城市。因为专业的特殊性，全国开设“灯光设计”专业的大专院校寥寥无几，每年毕业生人数也不足百人，而且因为需要具备一定的强弱电专业知识，这无形中提高了其他艺术专业人员从事舞台灯光设计工作的门槛。

我国西南地区众多少数民族都有着其独特的民族元素和题材可以挖掘，是文艺作品不可多得的创作源泉。但是受制于经济发展水平，西南地区艺术团体面临创作经费不甚宽裕、艺术创作人才匮乏等问题，其中舞台灯光设计人才尤其紧缺。

在对西南地区几个主要的基层院团灯光设计人员构成进行调研后得知，他们大多属于“半路出家”，由其他工种转行而来。通过自学或者速成了解一些控台技术以后便开始上岗，没有机会去提升专业技能，艺术水准难以提高。

本项目希望能以点带面，以基层青年灯光设计人才的培养为突破口，一方面为以后西南地区其他基层艺术人才的培养积累宝贵的经验，另一方面更可为以后全国各地基层艺术人才的培养探索一条行之有效的道路。

二、培训对象

面向全国基层院团、文化馆、民营剧团、高校等文化艺术机构招收青年灯光设计人才，优先考虑重庆、云南、贵州、四川、西藏 5 省（自治区、直辖市）相关从业人员，择优录取 20 名学员。

三、前期准备

（一）设施条件

本申报项目的申报主体西南民族大学位于四川省成都市，是国家民族事务委员会直属的 6 所民族高校之一，学校占地 2000 亩，拥有优越的教学设施，演艺实验室总面积为4150平方米，现有大中小型演出场所6个，演出设备资产近千万元。

（二）主要师资力量

刘兴全：西南民族大学艺术学院院长，二级教授，博士研究生导师。

付　彬：西南民族大学艺术学院书记。

柳得安：上海戏剧学院舞美系灯光设计专业教授。

徐　明：上海戏剧学院舞美系灯光设计专业教授。

李　伟：四川人民艺术剧院舞美中心主任，一级舞美设计，四川舞美学会副会长。

刘志鹏：四川省歌舞剧院有限公司灯光设计，一级舞美设计，四川舞美学会副会长。

丁　鸣：四川省剧目工作室主任，一级编剧。

苏冬梅：原成都军区战旗文工团副团长，一级编剧，四川省舞蹈家协会副主席，荣获中国舞蹈艺术“突出贡献舞蹈家”称号。

杜　林：四川省戏剧家协会秘书长，一级导演。

李　树：西南民族大学艺术学院副院长，副教授。

谢渝熙：上海舞台技术研究所首席灯光设计，“上海工匠”荣誉称号获得者。

孔庆尧：二级舞美设计师，“中国文华奖”舞台作品灯光设计。

苏　静：四川音乐学院戏剧学院副教授，博士。

王　帅：四川师范大学影传学院导演系主任，副教授，博士。

白兰弟：四川省歌舞剧院有限公司舞台设计，二级舞美设计。

张　劲：西南民族大学艺术学院灯光设计教师。

刘　翔：四川美术学院影视动画学院教师，中央戏剧学院灯光设计专业博士。

张　斌：四川思特集舞美科技有限公司总经理。

蒋有学：四川省歌舞剧院有限公司灯光设计。

范巍巍：西南民族大学艺术学院舞蹈编导教师。

王忠阳：成都市京剧研究院灯光设计。

四、培训计划

本次培训周期定为2022年6月6日至10月23日，培训总时长共140天，其中，集中授课35天。

具体培训安排：

（一）2022年6月6日，举行开班仪式；

（二）2022年6月6—30日，第一阶段集中授课；

（三）2022年10月14—23日，第二阶段集中授课；

（四）2022年10月24日，结项汇报。

五、课程设置

主要课程有“灯光设计探源”“LED灯具的特点及艺术应用”“灯光强弱电系统及其安全运行”“灯光的亮化、美化、艺术化”“文艺晚会的灯光设计与呈现”“‘舞’动灯光”“会‘呼吸’的舞台灯光”“光的力量”“音乐剧中的舞台灯光”“导演构思中灯光的重要性”“灯光语汇与舞台作品的关系”“模拟现实在舞台灯光设计中的应用”“舞台灯光的可视化操作”“戏剧中的舞台灯光”“舞台项目的统筹与执行”“舞台灯光设计实训”“技术在舞台艺术呈现中的重要性”“舞美布景中的灯光呈现”等。

六、成果形式

结合西南民族大学艺术学院各专业特色举办一场晚会，由参训学员作为灯光设计和操作人员完成，将晚会视频刻录成光盘报国家艺术基金管理中心。

专家点评

灯光一直是舞台艺术中不可缺失的一个重要组成部分，而舞台灯光设计人才也是创作人才中非常紧缺的类型之一。该项目立足西南地区，着力为西南地区基层青年灯光设计人才提供专业技能提升的机会。该项目开设课程全面且精确，师资力量雄厚，培训周期时长安排合理，计划开展有序，有利于紧缺人才的艺术视野的拓宽和创新能力的培养。

新时期中国当代美术评论人才培养

湖南师范大学

2022 年度艺术人才培训资助项目

新时期中国当代美术评论人才培养

湖南师范大学

2022 年度艺术人才培训资助项目

评论是创作的航标、雷达和灯塔。在快速发展和国际频繁交往的信息时代，美术评论已经不再局限于过去的理论、史论和作品分析的专业范围，而是关系到国家的文化利益，成为国家文化建设和发展的一个大课题。因此，培养美术评论的新生力量，显得尤为迫切。本项目即在总结出新时期中国当代美术评论的理论方法与美学体系的基础上，培养立志于从事当代美术评论工作的后备力量，从而为推动中国的文化复兴贡献独特的视觉文化与审美理论。

一、项目意义

中国的美术评论虽然肇始于五四运动前后，但真正走向成熟并形成自己的评判体系，还是在改革开放以后的新时期。新时期以来，由于改革开放而激发出前所未有的创作活力，在美术创作极大繁荣的基础上，也使美术评论呈现出一种蓬勃发展的态势。多年来，经过几代美术评论家的努力，中国的美术评论从最初受外来文化影响，而逐步走向理论自觉，于新时期建构起了自己的价值体系与评判标准。今天中国美术创作的繁荣，可以说是得益于美术评论的理论推动，同时，美术评论早已成为一种深厚的人文力量，融入中国现代文化的建设与国家形象的塑造之中。

本项目将通过专题集中授课、交流参访、讲座研讨等形式，从理论到实践层面深入探讨美术评论的价值和意义，及其所应肩负的历史责任、需提升的能力、应具备的综合素质与需开拓的文化视野等，为学员们提供学习、交流和历练的高端平台，帮助学员们了解中国现代美术的发展历程，从中掌握中国当代美术评论的理论方法，为国家培养一批优秀的专业型、创新型和复合型美术评论人才，从而推动中国美术的发展，为中国的文化复兴贡献力量。

二、培训对象

面向全国高等艺术院校美术理论青年教师，相关专业硕士、博士研究生，美术馆研究人员，艺术展览策划人，美术出版社编辑，艺术期刊或高等艺术院校学报编辑，各省美术家协会理论研究人员等，共招收 30 名学员。

三、前期准备

（一）设施条件

湖南师范大学美术学院已协调安排可满足学员上课的多功能阶梯教室 1 间、可容纳 40 人的会议室 1 间、用于分组讨论的教室 3 间，学院专门配备 2 名教学辅助人员并为学员开放图书馆、自习教室等，为学员提供便利的学习条件。

此外，湖南师范大学美术学院已与湖南美术馆、湖南美术出版社等专业机构对接联系，尽可能为学员们在长沙学习期间提供观摩、学习和交流的机会。

（二）主要师资力量

彭　锋：美学博士，北京大学艺术学院院长、教授、博士研究生导师，兼任国际美学协会执行委员，中华美学会常务理事、副秘书长，国际美学协会（IAA）总代表等职。

朱青生：艺术学博士，北京大学历史学系教授、博士研究生导师，兼任国际艺术史学会主席，北京大学汉画研究所所长、汉画研究主编，北京大学视觉与图像研究中心主任等职。

余　丁：艺术学博士，中央美术学院艺术管理与教育学院院长、教授、博士研究生导师，兼任中央美术学院国家艺术与文化政策研究所所长，中国美协美术教育委员会副主任，中国文艺评论家协会艺术产业研究委员会副主任等职。

于　洋：美术史博士、艺术学博士后，中央美术学院教授，国家主题性美术创作研究中心副主任，中国画学研究部主任，兼任北京青年艺术发展促进会会长，北京文艺评论家协会美术书法摄影艺委会秘书长，东北师范大学美术学院特聘博士研究生导师，中国传媒大学公共艺术与设计研究中心副主任、博士研究生导师，中国美术家协会会员，中国文艺评论家协会会员，北京美术家协会理论委员会委员等职。

王端廷：中国艺术研究院美术研究所外国美术研究室主任、研究员、博士研究生导师。

贾方舟：曾任内蒙古美协副主席，一级美术师。兼任天津美院客座教授，西安美院美术研究所研究员，四川美院客座教授，内蒙古师范大学兼职教授，清华大学美术学院吴冠中研究中心研究员，中国文化部当代艺术研究中心学术委员，AICA国际批评家联盟会员，清华大学艺术博物馆策展委员会委员，中国美术批评家年会荣誉主席，中国新水墨画院学术委员会主任。曾任第六、第七届 AAC 艺术中国年度影响力评委会轮值主席，CCAA 第八届当代艺术奖评委，第十二届中国艺术权力榜评审委员会轮值主席等职。

杨小彦：工学博士，中山大学传播与设计学院副院长、创意媒体设计系主任、教授、博士研究生导师。

胡　斌：美术学博士，广州美术学院艺术管理学系主任、副教授，广州美术学院美术馆馆长，兼任中国美术批评家年会学术委员、广东省美协理论艺委会委员等职。

范晓楠：美术史博士、艺术学博士后，天津美术学院艺术管理学系主任、副教授，兼任中国国家画院理论研究所研究员、中国美术批评家年会学术委员等职。

邓平祥：曾任湖南美术家协会副主席，一级美术师。中国美术家协会会员，中国油画学会理事，湖南美术家协会名誉副主席，天津美术学院客座教授。

李蒲星：湖南师范大学美术学院原副院长、副教授，兼任湖南省文艺评论家协会副主席等职。

黄　啸：湖南美术出版社社长、党总支书记、总编辑、编审，兼任中国美协插图装帧艺委会副主任，中国教育学会美术专业委员会理事，湖南省美协少儿艺委会主任等职。

周功华：美术学博士，湖南师范大学美术学院副教授，硕士研究生导师，湖南省美术家协会副秘书长，湖南省美协理论艺委会主任，湖南省油画学会副主席。

四、培训计划

本项目培训周期定为2022年7月20日至9月30日，其中集中授课学习30天。具体培训安排：

（一）2022年7月20日，学员报到；

（二）2022年7月21日至8月25日，开班仪式、学员集中授课、交流参访、讲座研讨；

（三）2022 年 8 月 26 日至 9 月 25 日，学员撰写研究论文；

（四）2022 年 9 月 30 日前，提交结业论文。

五、课程设置

主要课程有“习近平总书记关于文艺工作的重要论述”“新时期中国美术发展概况”“新时期美术评论的理论建构及其对创作的影响”“新时期中国美术思潮的哲学基础与社会原因”“主题性美术创作与国家形象的建构”“新时期美术代表作品解析”“中西方美术交流与比较”“美术评论的理论转换与写作方法”“社会实践与现场交流”授课期间举办专题性讲座研讨等。

六、成果形式

学员结业时，颁发结业证书，并将优秀论文结集由湖南美术出版社正式出版发行。

专家点评

该项目在总结出新时期中国当代美术评论的理论方法与美学体系的基础上，培养立志于从事当代美术评论工作的后备力量。授课导师既有新时期中国美术的推动者、新时期中国美术的理论建构者，也有国内美术院校的学术理论带头人，师资力量涵盖不同阶段、不同领域和不同层次。该项目培训方式多元，从理论到实践层面深入探讨美术评论的价值和意义，及其所应肩负的历史责任、需提升的能力等，培训重点突出，可行性强。

吹腔《贩马记》表演人才培训

铜陵市艺术剧院有限公司

2023 年度艺术人才培训资助项目

吹腔《贩马记》表演人才培训

铜陵市艺术剧院有限公司

2023 年度艺术人才培训资助项目

《贩马记》，又名《奇双会》，自清中叶以来传承有序、久演不衰，这部精品在我国近代戏曲剧种史、音乐史、表演史上均占有重要的地位。《贩马记》是吹腔戏的代表作之一，有特定的技艺和文化内涵，为进一步保护传承这一古老戏曲声腔，本项目通过吹腔经典剧目《贩马记》表演人才培训，为众多保存有吹腔和吹腔戏的地方戏曲剧种输送优秀的表演人才，有效推动吹腔艺术的人才梯队建设，并为枞阳腔（吹腔）艺术的经典剧目再推广、再传播等方面起到助力作用。

一、项目意义

吹腔是一支广为传唱的戏曲声腔，约清初形成于安徽枞阳（现属安徽铜陵）一带，故名枞阳腔，又名石牌调、安庆调等。吹腔是徽班、徽戏的主要腔调之一，随徽班流传天下而被众多地方戏吸收，至今依然地跨20余个省、自治区，呈现在京剧、昆曲、婺剧、绍剧、瓯剧、赣剧、滇剧、川剧、桂剧、祁剧、广东汉剧、粤剧、柳子戏、莱芜梆子、蒲剧等南北各地50多个剧种的舞台上。可以说，吹腔并不专属于某一个特定的剧种，它是众多戏曲剧种的共有财富，是徽班的一宗重大遗产。

留在各剧种中专唱吹腔的剧目有近百出，其中，最负盛名的莫过于《贩马记》。这出全部用吹腔演唱的旷世精品，除京、昆外，同是徽剧、赣剧、闽剧、宜黄戏等众多地方戏曲剧种中的传统戏，它为这些剧种的生成和发展提供了剧目和曲调的支持，历史价值有目共睹。迄今为止，《贩马记》已有200余年的演出史，这部由徽班艺人奠基，经历了京剧大师加工和昆曲艺术家润色的吹腔经典，艺术积累丰厚，可谓昆、乱交融的结晶，是青衣、老生、小生等表演行当的宝藏。

作为吹腔经典，《贩马记》曾被很多地方戏曲剧种传演，并视为自己的传统剧目，如徽剧、赣剧、闽剧、宜黄戏等，但目前绝迹于这些剧种的舞台，后继乏人，近乎失传。现在仅见于极少数几个国家级京、昆院团，且少有演出，专擅此剧的艺术家已屈指可数，而省市级的院团更是鲜有上演。

鉴于此，本项目将以铜陵市枞阳腔（吹腔）传承保护中心为培训基地，通过吹腔经典剧目《贩马记》表演人才培养，可实现《贩马记》向地方院团的高水准艺术传递，促进这一传统经典剧目向地方戏曲剧种回馈。《贩马记》表演人才培养是对濒临危机的戏曲经典剧目的及时抢救和再推广、再传播，意义重大。同时，《贩马记》是吹腔戏的代表作之一，其特定的技艺和文化内涵，对提高有吹腔以及吹腔戏的地方剧种的表演艺术，具有普遍性指导意义。

二、培训对象

本项目面向全国专业戏曲院团招生（尤其以吹腔剧种的院团优先），择优录取20名学员。

三、前期准备

（一）设施条件

此项目的协办单位为安徽艺术学院，该校的戏剧学院教学面积共1.9万平方米，包含剧场1个、报告厅1个、1个黑匣子剧场（在建）、资料室1个、服装道具间4个，综合排练室15间、练功房9间、琴房16间、化妆教室12间、唱念教室8间、多媒体教室5间、舞美设计教室1间、服装制版实训室1间、电脑机房1间等共计78个教学场地。专业教学资源价值逾2000万元，藏书万余本，能够全面满足专业教学需求。

（二）主要师资力量

王　馗：中国艺术研究院戏曲研究所所长，中国戏曲学会会长，文学博士、研究员、博士研究生导师。

吴新苗：中国戏曲学院科研处处长，《戏曲艺术》主编，教授。

王振义：中国戏曲学院表演系教授，一级演员，获第二十一届上海白玉兰优秀表演奖主角奖，第十六届中国戏剧梅花奖，北京市“四个一批”优秀人才，文旅部百名优秀戏曲专业兼职教师。

王　宁：苏州大学卓越人才特聘教授，博士研究生导师，国家社科基金艺术学重大项目首席专家，中国昆曲博物馆理事长，中国昆剧传系所文学和艺术顾问。

韩　军：安徽艺术学院党委书记，文学博士。

樊嘉禄：安徽艺术学院党委副书记、院长，教授。

谢柏樑：中国戏曲学院、上海交通大学、安徽艺术学院教授，北京市戏曲基地首席专家，享受国务院政府特殊津贴专家。

唐　跃：安徽大学兼职教授、安徽艺术学院特聘研究员，曾任安徽省文化和旅游厅副厅长，安徽省文联副主席，享受国务院政府特殊津贴专家。

徐志远：安徽省艺术研究院原学术委员会主任，安徽省国乐艺术研究院院长，一级作曲家，文旅部优秀专家，享受国务院政府特殊津贴专家。

王长安：研究员，一级编剧，享受国务院特殊津贴，多次获得中宣部“五个一工程”奖、“文华奖”、“金鹰奖”、“飞天奖”、中国戏剧奖、中国广播文艺奖、田汉戏剧奖、安徽社科奖等奖项。

李春荣：国家一级编剧，安徽省艺术研究院原院长、书记，中国戏曲学会枞阳腔（吹腔）研究分会副会长、安徽省文艺评论家协会副主席。

沈昳丽：昆剧表演艺术家，一级演员，上海昆剧团当家闺门旦，第十一届上海白玉兰戏剧表演艺术奖主角奖，第二十八届中国戏剧梅花奖得主。

黎　安：昆剧表演艺术家，国家一级演员，师承著名昆剧表演艺术家岳美缇、蔡正仁以及周志刚等名师。中国戏剧梅花奖、上海白玉兰戏剧表演艺术奖获得者。

缪　斌：昆剧表演艺术家，国家一级演员，获第七届中国戏剧节表演奖。

四、培训计划

本项目培训周期定为 2023 年 7 月 2 日至 9 月 5 日，培训总时长共 66 天，其中，集中授课 30 天。

具体培训安排：

（一）2023 年 7 月 2 日至 8 月 5 日，剧目授课老师线上发布剧目教学任务（学员熟练台词、唱腔）；

（二）2023 年 8 月 6 日，举行开班仪式；

（三）2023 年 8 月 6 日至 9 月 4 日，集中授课；

（四）2023 年 8 月 12 日，采风、观摩。

五、课程设置

主要课程有“戏曲理论知识培训”“枞阳腔（吹腔）的音乐构成”“昆曲小生行当与人物塑造”“《贩马记》的结构与表演”“徽班、徽调与徽剧”“民间小戏的喜剧风格和文化内涵”“昆曲曲牌的使用方法”，以及吹腔经典剧目《贩马记》表演教学等。

六、成果形式

举办“吹腔经典剧目《贩马记》表演人才培训班”的学员结业考核汇报演出，学员作品汇报演出将于 2023 年 9 月 4 日在安徽艺术学院进行并全程录像。

专家点评

《贩马记》是吹腔戏的代表作之一，有特定的技艺和文化内涵，对提高有吹腔以及吹腔戏的地方剧种的表演艺术，具有普遍性指导意义。该项目立足安徽，面向全国专业戏曲院团，为众多保存有吹腔和吹腔戏的地方戏曲剧种输送优秀的表演人才，有效推动吹腔艺术的人才梯队建设。该项目培训方案详实、完备，能育新人、兴文化，有利于枞阳腔（吹腔）艺术的经典剧目的再推广和再传播。

歌剧排演主创人才培训

中央音乐学院

2023 年度艺术人才培训资助项目

歌剧排演主创人才培训

中央音乐学院

2023 年度艺术人才培训资助项目

本项目拟通过音乐理论课程、指挥课程、歌剧艺术指导课程、声乐课程、歌剧音乐会等形式，培养一批高水平的歌剧排演主创人才，对歌剧的传统技术进行学习、研究、指导及制作。吸纳国外知识经验，挖掘中华文化精神内核，坚定和增强文化自信，制作出精良的原创歌剧和西方经典歌剧艺术作品，促进原创歌剧在国内外产业市场的发展，加快中国原创歌剧的世界发展步伐，创新中华文化传播路径，提升国际传播能力。

一、项目意义

党的十九届五中全会提出，到 2035 年建成文化强国，国家文化软实力增强，推动中华文化走出去，提升中华文化的影响力。随着中国社会和经济的发展，歌剧这门以音乐表达戏剧的综合舞台艺术也得到了蓬勃的发展。因此，新时代对于歌剧的创作、制作和表演都提出了新的、更高标准的要求。

本项目是统筹推进中国歌剧领域人才培养发展的创新之举，是确立人才引领艺术发展、激发歌剧人才创新活力的重要举措。项目依托中央音乐学院优质资源和雄厚的师资力量，联合中央音乐学院表演艺术中心下设的中央音乐学院交响乐团和中央音乐学院合唱团，让学员多角度、全方位参与歌剧排演的全过程。通过音乐理论课程、指挥课程、歌剧艺术指导课程、声乐课程、歌剧音乐会等形式，培养和引导一批高水平的歌剧排演主创人才，使他们系统掌握歌剧排演各个环节的技术和艺术，充分吸纳国外知识经验，以期未来更好地制作出精良的原创歌剧及西方经典歌剧艺术作品，加快中国原创歌剧的世界发展步伐。

二、培训对象

本培训项目面向全国招生，通过竞争择优入选学员 30 名，其中歌剧指挥专业 4—5 人、歌剧艺术指导专业 5—6 人、歌剧演唱专业 20 人。

三、前期准备

（一）设施条件

中央音乐学院作为全国专业音乐表演艺术中心，拥有 8 个大、中、小型专业演奏厅，歌剧音乐厅及学术报告厅，可保障国际国内高水准音乐演出和重要学术活动顺利举行。其中，中央音乐学院综合楼 501 和 1401 为交响乐团日常排练厅，占地 400 平方米；综合楼 801 为合唱团日常排练厅，占地 500 平方米，拥有观众席 200 个；综合楼 11 层为指挥系主科教室，拥有数十台 Steinway & Son 三角钢琴和指挥专业配套硬件。以上硬件设施均可保障该项目内所有计划高质量、高水平顺利进行。

（二）主要师资力量

陈　琳：中央音乐学院指挥系主任、指挥系党总支副书记、指挥系双钢琴教研室主任、中国音乐家协会指挥学会副会长。

Marco Bellei：中央音乐学院指挥系歌剧艺术指导专业教授。

陈　冰：中央音乐学院声歌系党总支书记、指挥及歌剧艺术指导专业教授。

李心草：中国音乐学院院长、中央音乐学院指挥系外聘教授、一级指挥。

杨　洋：中央音乐学院指挥系外聘教授、中央歌剧院音乐总监。

朱　曼：中央音乐学院指挥系青年教师、中央歌剧院一级指挥。

四、培训计划

项目培训周期定为 2023 年 6 月 8 日至 8 月 30 日，培训总时长共 63 天，其中，线上培训 28 天，线下集中授课 35 天。

具体培训安排：

（一）2023 年 6 月 8 日，线上举行开班仪式，公布课程计划与分班情况；

（二）2023 年 6 月 8 日至 7 月 5 日，开展线上培训课程；

（三）2023 年 7 月 27 日至 8 月 28 日，在中央音乐学院进行线下集中培训；

（四）2023 年 8 月 29—30 日，汇报演出、结业式。

五、课程设置

（一）歌剧指挥专业

主要课程有“歌剧指挥”“管弦乐队总谱读法及改编”“歌剧《原野》作品创作背景及剧情分析”“中国歌剧《萧红》（选段）系列讲座”，以及歌剧《唐·帕斯夸莱》实践排练及演出等。

（二）歌剧艺术指导专业

主要课程有“喜歌剧的风格”“歌剧中使用的意大利语发音和语音要素”“多尼采蒂作品中宣叙调的伴奏风格”“歌剧《唐·帕斯夸莱》在传统制作中的剪辑”“歌剧《原野》作品创作背景及剧情分析”“中国歌剧《萧红》（选段）系列讲座”，以及歌剧《唐·帕斯夸莱》实践排练及演出等。

（三）歌剧演唱专业

主要课程有“歌剧剧情和舞台表演分析”“歌剧制作的音乐传统”“喜歌剧的风格”“诙谐戏剧中的幽默效果”“歌剧的演唱者与舞台的关系”“歌剧《原野》作品创作背景及剧情分析”“中国歌剧《萧红》（选段）系列讲座”，以及歌剧《唐·帕斯夸莱》实践排练及演出等。

六、成果形式

学员培训成果以汇报演出形式，于2023年8月19日、29日、30日在中央音乐学院教学楼801、中央音乐学院歌剧音乐厅进行。

专家点评

该项目是国内首次针对歌剧艺术开展的集中化、规模化、高标准、高规格的专业培训。项目依托中央音乐学院优质资源和雄厚师资力量，联合中央音乐学院表演艺术中心，多角度、全方位打造歌剧制作全过程，首次将歌剧指挥、歌剧艺术指导与歌剧演唱3个专业有机结合，共同培训。该项目通过多专业多学科交叉合作的培训思路打造高精尖学术标准的歌剧制作全过程，创新中华文化传播新路径，有效地推动了中国歌剧制作发展迈出更快步伐和国际影响力的提升。

青年艺术创作人才资助项目

青年艺术创作人才资助项目，资助坚持以习近平新时代中国特色社会主义思想为指导，全面贯彻落实党的二十大精神，深入学习贯彻习近平文化思想，坚持为人民服务、为社会主义服务，坚持百花齐放、百家争鸣，坚持创造性转化、创新性发展，坚定不移听党话、跟党走，怀抱梦想又脚踏实地，敢想敢为又善作善成，坚守艺术理想，追求德艺双馨，讲品位、讲格调、讲责任，努力多创新、出精品，勇于挑大梁、当主角积极投身于中华民族现代文明建设的青年文艺工作者。

重点资助在本专业、本领域已取得一定成绩，具有较大社会影响力、号召力的青年艺术创作和文艺评论工作者；思想进步、富于才华但尚在成长、发展期，给予支持有望成长为优秀人才的青年艺术创作和文艺评论工作者。

第六部分

青年艺术创作人才资助项目

俞思含

戏曲编剧《姐妹》

2023 年度青年艺术创作人才资助项目

俞思含

戏曲编剧《姐妹》

2023 年度青年艺术创作人才资助项目

一、申报主体简介

俞思含，江苏省戏剧文学创作院创作部副主任，中国戏曲学院戏剧与影视学硕士。曾获田汉戏剧奖剧本一等奖、老舍青年戏剧文学奖优秀剧本奖（戏曲榜首）、江苏省戏剧文学剧本评选一等奖、紫金文化艺术节最佳编剧奖、天津北方青年演艺展演优秀编剧奖、“戏剧中国”作品征集推选“戏曲类最佳剧本”“话剧类最佳剧本”等；编剧作品有河北梆子《台城柳》、豫剧《鱼玄机》、婺剧《无名》、越剧《金粉世家》、昆剧《画狐》、锡剧《红豆》、丹剧《凤先生》等，曾入选文化和旅游部剧本扶持工程、国家艺术基金青年艺术创作人才资助项目、中国文联青年文艺创作扶持计划立项项目，曾在《新剧本》《剧作家》等期刊发表剧本、剧评。

俞思含生活照

俞思含工作照

二、项目简介

（一）主题思想、创作构思和艺术特色

现代戏曲《姐妹》以曾在江苏组织开展妇女革命工作的杰出女共产党员帅孟奇的主观视角切入，通过描写她与何宝珍、郭纲琳、黄海明、陈阿妹有着不同成长环境、性格年龄的姐妹一同参与革命、追寻理想的事迹，叙述一群女性在人生不同阶段，在个人命运与国家民族命运的叠合中，呈现出一个个悲欣交集的故事。全剧刻画一批性格鲜明而富有层次感的巾帼英雄形象，描绘她们坚守纯粹初心、实现精神涅槃的过程，弘扬英勇顽强、坚贞不屈的革命精神，谱写中国革命史中的女性传奇，展现中国近现代百年的风云图卷。

现代戏曲《姐妹》讲述：南京雨花台前，老年的帅孟奇前往拜谒。回首间，她看见昔日的战友：何宝珍、郭纲琳、黄海明、陈阿妹向自己走来。穿梭在历史的甬道中，她与曾经的烽火岁月再度相逢。南京老虎桥监狱里，帅孟奇带领战友们保护幼婴，绝食相抗，抛掷生死，斗争不息；黄河岸边，敌兵相追，帅孟奇携带重要文卷，东渡险浪；湖南故园，出狱后的帅孟奇得知丈夫再婚另娶、父亲受逐流浪、母亲悲极疯癫、女儿遇害身亡的消息后，悲痛不已，后因母亲迷蒙之际的一句勉励，直面苦难，重燃心火，继续投身于毕生信仰，享年 102 岁，为我国革命事业作出卓越贡献。

全剧时空灵动，将建党百年历程中的各个时间节点穿梭交织，结构由四场主戏、一场序幕、一场尾声组成。剧目的主线围绕女主人公帅孟奇的人生经历展开，过程中贯穿的人物与故事，既相互独立，又是推动帅孟奇精神世界成长发展的载体。剧目的戏核为“信仰”二字，刻画了先烈们在绝境之下，艰难抉择亲情、爱情、友情，用一生坚守信仰的精神。全剧涉及五四运动、抗日战争、解放战争、改革开放、展望新世纪等多个时期。这些不同时期的往事勾连衔接，以蒙太奇的拼接方式，展现了中国共产党近代百年的风云历史，刻画了一批为革命理想奉献青春、抛洒热血的巾帼英雄形象。

现代戏曲《姐妹》艺术特色鲜明。其一，灵动自由的叙事视角。通过帅孟奇的主观视角叙述而进行叙事，讲述在建党百年的历史河流中，一群青年人坚守信仰、践行革命的事迹。随着主人公意识流的轨迹，往事油然而生，时序交替呈现，时空灵动自由。其二，丰富立体的人物形象。剧中女子有着迥异之处，在于她们不同的成长环境、性格年龄，但又有着共同之处，那便是她们对热血初心、纯粹理想的追求与坚守。剧中主人公帅孟奇，在长期的革命生涯中为党和人民作出了重要贡献。其三，简约深美的艺术风格。全剧创作以“历史的甬道”为基底切入，这个基底好比一块可以自由变形的积木，既抽象又简洁，呈现出不同的场景，通过强调舞台假定性的艺术表现方式，实现时空自由、快速转换。

（二）项目实施计划

1. 第一阶段（创作生产）

实施日期：2023 年 1 月 1 日至 6 月 30 日。

具体实施内容：创作现代戏曲《姐妹》剧本并不断修改打磨，持续与院团对接，邀请相关专家及院团主创出席，采用线上线下结合的形式，召开剧本论证会，梳理意见进行提升。

预期目标：完成戏曲剧本《姐妹》。在此过程中，深入南京、湖南等剧中主人公帅孟奇及系列巾帼英雄所留足迹处采风，积极与相关研究专家、院团交流，完善剧本，达到上演水准。

2. 第二阶段（结项验收）

结项日期：2023 年 12 月 31 日。

项目成果形式：戏曲剧本《姐妹》。

专家点评

申报人具备较好的专业素养，近年来创作作品颇丰，多次荣获国家级、省级奖项，编创能力突出。本次申报的作品现代戏曲《姐妹》具有一定的地域特色，展现了一个百岁共产党人帅孟奇的精神涅槃史，主题明确，人物鲜明，情节流畅，立意深远，逻辑严密。全剧时空灵动，将建党百年中各个时间节点穿梭交织，结构由四场主戏、一场序幕、一场尾声组成。通过帅孟奇的主观视角叙述而进行叙事，作品以灵动自由的叙事视角，丰富立体的人物形象，以简约深美的艺术风格弘扬以爱国主义为核心的民族精神，生动地展现了帅孟奇、何玉珍、郭纲琳、黄海明、陈阿妹等共同组成的雨花台巾帼英雄图卷。该剧的创作对缅怀革命英烈、传承红色基因具有重要意义。

万莉

民族唱法《雅色集（声乐套曲）》

2023 年度青年艺术创作人才资助项目

万莉

民族唱法《雅色集（声乐套曲）》

2023 年度青年艺术创作人才资助项目

一、申报主体简介

万莉，女，汉族，博士，现任华中师范大学音乐学院副教授，中国音乐家协会会员、中国文艺志愿者协会会员、湖北省音乐家协会理事、湖北省首届最美文艺志愿者、湖北省十佳师德标兵、湖北省五一劳动奖章获得者、湖北省音协声乐歌剧学会副会长。曾获湖北省第四届金编钟声乐比赛民族唱法金奖，湖北省第十五届青年歌手电视大奖赛民族唱法金奖，湖北省“五个一工程”奖，第四届全国高等院校音乐专业声乐比赛民族唱法教师组金奖，中国西北音乐节第四届“熊猫音乐奖”佛坪民歌邀请赛一等奖，第二届全国普通高等学校音乐教育专业教师基本功展示个人全能二等奖。曾出版发行个人声乐作品演唱专辑《春天的歌唱》，出版合著《音乐文化审美与教学研究》，出版发行个人声乐作品演唱专辑《云中恋歌》。

万莉演出照 1

万莉演出照 2

二、项目简介

（一）主题思想、创作构思和艺术特色

中华民族对于色彩的发现和感悟经历了漫长的历程，形成了以五色观为基础的完整的中国传统色彩理论，这不仅是历史的沉淀，更是中国传统文化精神的体现。由中国艺术研究院美术研究所主办的“2021 中国传统色彩学术年会”，将东方色彩作为主题，全面阐释了东方色彩的经验智慧与理性结构，连缀东方色彩的物质形态与意义体系，呈现东方色彩的多维景观，以为东方色彩文化标识的探究和当代色彩实践的应用筑牢基础。探索和研究传统色彩的观念、文化、历史、形象、技术、应用等不同方面的发展，为中国传统色彩构筑话语平台，也是为中国传统文化的创新性发展开辟了道路。

《雅色集》的创作灵感来源于世界上最早的色彩体系，也就是以五方正色为基础的中国传统色彩理论，这也源自“天人合一”的哲学思想，奠定了中国传统色彩体系与美学思想的基础。其中的“雅色”，顾名思义即对中国传统色彩的雅称，体现中国传统色彩的高雅与和谐，也寓意要通过本声乐套曲作品来展现中国传统色彩文化的艺术性和文化价值。

《雅色集》以中国传统色彩为主题，其创作衔接起了中国传统美学与现代音乐的桥梁，二者相互融合，赋予了声乐作品新内涵，创新了音乐的融合表现形式。本套曲共有10首作品（总时长约60分钟），包括《青绿》《月光白》《暮云灰》等。在本套曲演唱中，为了更好地展现不同色彩的文化底蕴和独特气质，申报者根据多年的演唱经验和感悟，以及对中国传统色彩的理解和体会，巧妙运用音色的变化来表达中国传统色彩中的深层含义，使观众更生动地感受到中国传统色彩的魅力。

不同的色彩有着不同的气质，不同的气质需要不同的作曲技法及演唱状态来表达，婉转悠扬而又流畅自然的曲风、饱含深情而又直抵人心的旋律、清亮纯净而又富有感染力的声音、如泣如诉而又充满张力的演唱，通过乐曲的曲风、旋律和歌词生动描绘中国传统色彩的独特韵味和丰富内涵，使声乐套曲《雅色集》的每首作品都风格各异、熠熠生辉，传递出了多样的情感、价值和一种跨越时空、历久弥新的文化力量。

（二）项目实施计划

1. 第一阶段（创作生产）

实施日期：2023年1月1日至11月1日。

具体实施内容：

（1）2023年1月1日至2月28日，组织研讨会，修改打磨作品；

（2）2023年3月1日至4月30日，套曲中剩余作品MV脚本撰稿；

（3）2023年5月1日至6月30日，录音、MV录制；

（4）2023年7月1日至9月30日，进行音乐会前期准备工作；

（5）2023年10月1日至11月1日，全面整合套曲的所有材料，准备结项工作。

预期目标：力求打造以中国传统色彩为主题、弘扬中华传统文化的声乐套曲《雅色集》；借助项目团队的优质媒体资源，积极联系主流媒体，共同打造套曲；通过高雅艺术进校园、美育课程活动，让更多的人了解中国特色和东方色彩；将声乐套曲《雅色集》以音乐会（时长不少于60分钟）形式进行呈现。

2. 第二阶段（结项验收）

结项日期：2023年12月31日。

项目成果形式：本项目将以高规格、高水准、高品质的音乐会（时长不少于60分钟）作为申报项目的成果。音乐会进行期间将有专业的摄影摄像团队全程录制音乐会实况，以保证后期线上宣传推广工作的顺利开展，力求打造人民喜爱的、留得住的好作品。

专家点评

“用歌声来描述色彩，用色彩来诉说独特的中国韵味”，申报人创新性地将中国传统色彩文化融入歌曲创作及演唱，是一次非常有特点的探索和尝试。通过这部套曲的创作和演唱，能够促进中国传统文化的创造性转化、创新性发展，促进人民群众更深刻地了解中华优秀传统文化，热爱民族音乐文化。

申报人具有较好的专业能力，是湖北省非常优秀的青年歌手，多次获得国家级奖项，具备高质量完成项目的能力。从申报方案来看，该项目前期已经取得了较好的成果，在作品创作阶段就打下了良好的基础。同时，在作品的呈现上，有一定艺术性与难度。

索晶星

舞蹈舞剧编导《十八勇士》

2023 年度青年艺术创作人才资助项目

索晶星

舞蹈舞剧编导《十八勇士》

2023 年度青年艺术创作人才资助项目

一、申报主体简介

索晶星，毕业于北京舞蹈学院，现为四川师范大学舞蹈学院教授，一级演员，中宣部首批全国宣传思想文化“青年英才”，四川省“天府万人计划”天府文化领军人才。曾获第九届中国舞蹈“荷花奖”银奖，第十届中国舞蹈“荷花奖”金奖，第十一届中国舞蹈“荷花奖”金奖，第十二届中国舞蹈“荷花奖”金奖，首届甘肃省舞蹈“飞天奖”金奖，四川省“文华奖”表演奖获得者，其编创及表演作品多次荣获省部级舞蹈大赛一等奖。主持省部级项目 1 项、国家级项目 1 项，担任男主演参与国家艺术基金大型舞台剧和作品创作项目 5 项。自创自演作品《门神》荣获第九届中国舞蹈“荷花奖”作品银奖。自创自演作品《最后一颗子弹》荣获 2019 四川省舞蹈新作比赛表演一等奖、创作二等奖。代表作品有《断桥》《丝路花雨》《家》

索晶星生活照

索晶星排练照

索晶星编导作品剧照 1

《长风啸》《大凉山的回响》《打金枝》《茶马古道》《大国芬芳》《物华天府》《奋斗吧！中华儿女》《悬崖上的回响》《天下大同》《门神》《佛印》《金刚》《银塑》《永远的诺苏》《落红减去更护花》《最后一颗子弹》等。

二、项目简介

（一）主题思想、创作构思和艺术特色

作品《十八勇士》立足于中国共产党的伟大革命精神和新时代“以史为鉴，开创未来”的整体要求，以中国共产党自己的精神谱系中的红船精神、井冈山精神、长征精神、遵义会议精神、延安精神、西柏坡精神、红岩精神、抗美援朝精神、“两弹一星”精神、抗洪精神、抗震救灾精神、抗疫精神、脱贫攻坚精神等伟大精神作为参考，对举世闻名的二万五千里长征中，红军将士用鲜血和生命铸成的“大渡河精神”进行深入的发掘和思考，并以舞蹈作品的方式展现人民军队听党的话、敢打必胜的政治本色和优良作风，力图还原英雄形象，弘扬烈士正气，传承长征精神。

作品《十八勇士》是以 1935 年中央红军长征中途经四川省越西县（今属四川省石棉县）安顺场强渡大渡河的著名战斗为依据，以渡河 18 位勇士为原型而进行的舞剧创作。“营长孙继先、第 2 连连长熊尚林、第 2 排排长罗会明、第 3 班班长刘长发、副班长张表克，战士张桂成、萧汉尧、王华亭、廖洪山、赖秋发、曾先吉，第 4 班班长郭世苍，副班长张成球，战士萧桂兰、朱祥云、谢良明、丁流民、陈万清”这 18 位勇士，不避斧钺，凭着对中国革命的无限忠诚，不怕困难、不怕牺牲，在激烈的战役中，冒着敌人密集的炮火向河对岸冲去，用生命和鲜血成功地为后续部队杀出了一条通往胜利的道路。该战役是红军的一次生死之战，更是中国革命的关键。18 位勇士在作战中的英雄壮举，在中国革命战争史上写下了光辉的一页。

作品《十八勇士》以革命历史题材为主要切入点，以红军长征中强渡大渡河为事件展开。在创作思路上，以人、船、河三者的关系为线索，深入研究 18 位勇士

索晶星编导作品剧照 2

的人物性格及心理活动，突出表现18位勇士不畏牺牲、无限忠诚的革命信仰，以及爱国主义英雄精神。通过中国舞元素与现当代运用手法相融合，对当时形势严峻的情景与水深流急、危难重重的环境进行模拟再现并加以艺术性的渲染，使作品富有视觉真实感及冲击感。在思想方面，本作品主要塑造的英雄形象是英勇渡河的红军年轻战士，他们在这个年龄阶段的人生信条和革命精神有利于当下的年轻人在"同龄对比中"深入学习理解"大渡河精神"的内涵要义和精神实质，深学、细研、悟透伟大革命精神。在表现手法上，同类主题的舞蹈作品往往运用大量的舞蹈道具（如红旗、木船、船桨、铁锁等），而本作品在艺术创造上，不追随场面宏大的实体场景铺设，更多的是通过舞蹈本体，巧妙的动作设计，使演员用肢体去意象化地表现水深流急的河流以及渡河时所运用的木船、船桨等场景。这种方式，一方面为了体现红军战士"革命信念在心中"的真实面貌和优良品格，另一方面学习和继承了我国传统舞台艺术的写意特色。通过这种表现手段，不仅弘扬了中华民族优秀的传统文化，还在其中融入了思政教育，从而更加生动地表现伟大革命精神的强大力量。在舞蹈编排上，本作品将打破传统舞蹈作品的单一受众视角，创作战斗"镜头"的多维空间，向观众展示不同角度的"强渡"场景，是本项目极具创新的艺术特色。

（二）项目实施计划

1. 第一阶段（创作生产）

实施日期：2022年2月28日至12月11日。

具体实施内容：

（1）2022年2月19—28日，完成作品的前期创作构思包括下当地采风、收集历史资料、作品人物形象的提炼 、排练统筹等。

（2）2022年3月1—19日，明确作品内容及事件的准确性，加强细节意识，对作品创作构思实施中的各个环节进行审视。

（3）2022年3月19—26日，进行音乐创作和服装设计的前期沟通并进行制作。

（4）2022年3月26日至6月19日，完成作品小样创作与结构调整。

（5）2022 年 6 月 19—22 日，邀请业内专家对作品提出修改意见。

（6）2022 年 6 月 22 日至 10 月 19 日，完善修改精练，提高作品质量。

（7）2022 年 10 月 19 日至 12 月 9 日，从作品创作到音乐制作再到服装制作全面整合到位，准备验收。

（8）2022 年 7 月 19 日至 10 月 19 日，进行作品深度打磨与音乐创作（同步）。

（9）2022 年 10 月 19 日至 12 月 9 日，从作品创作到音乐制作再到服装制作全面整合到位，准备验收。

预期目标：用艺术作品讲好中国故事，发挥好传声筒的作用。明确本项目内容及事件的准确性，完善提高舞蹈创作中的结构、舞蹈语汇、队形设计，场景设计以及演员情绪的准确性与合理化。提高舞蹈本体技能的完成质量，树立经典、独具符号性的人物形象；突出鲜明、坚定的价值取向，有助于在四川师范大学舞蹈学院环境中对主流思想观念、革命红色精神正能量的弘扬，继而有益于引导大学生们树立正确的价值观，强化爱国主义精神。

2. 第二阶段（结项验收）

结项日期：2022 年 12 月 19 日。

项目成果形式：（1）作品汇报；（2）作品参赛；（3）作品舞台展示。

专家点评

申报人专业技能扎实，是一位具有非常丰富表演经验的编导，其创作作品多次荣获国家级和省级舞蹈比赛奖项。此次创作构思的舞蹈作品《十八勇士》结构完整、构思清晰、主题明确，舞台营造的“英雄”形象气势恢宏，用艺术的方式讴歌英雄，弘扬爱国主义精神、传承革命精神。申报项目前期已经取得了较丰富的阶段性成果，为项目实施打好了基础，实施计划安排详尽、合理，具备可操作性。

吴建棠

版画《征程》

2023 年度青年艺术创作人才资助项目

吴建棠

版画《征程》

2023 年度青年艺术创作人才资助项目

一、申报主体简介

吴建棠，男，汉族，1986 年生，四川美术学院文学学士，中央美术学院艺术学硕士，现任教于贵阳学院美术学院，副教授，教师党支部书记，美术学教研室主任，中国美术家协会会员，中国国家画院青年画院聘任画家，贵州省美术家协会理事，贵州省美术家协会版画艺术委员会副主任，贵州版画学会副秘书长，贵州省青年美术家协会副主席。主要研究中国传统版画在当代应用性实践，近年来在《美术》《美术观察》《中国版画》《中国美术年鉴 2017》等刊物发表学术论文及版画作品。作为项目组成员，参与 2017 年中国美协项目“向人民汇报”——10 位中青年美术家“深入生活、扎根人民”主题实践活动，完成 10 件美术作品及论文《乡愁与记忆》。

吴建棠工作照

二、项目简介

（一）主题思想、创作构思和艺术特色

古人云：德耀中华，而《征程》则智耀中华，充分展示出中国人的创造与不断探索宇宙、不断进取精神和对幸福生活的向往！如今，上天揽月已不再是仰望星空时的梦想。版画作品《征程》描绘了我们国家在“人类探月工程”领域获得的举世瞩目的成就，中华民族自古就对探月充满好奇，创作出嫦娥奔月的“飞天”神话。

黑白木刻是中国传统的版画创作手法之一，自唐代以来一直是中华文化重要的传播方式。在版画历史的发展过程中，人民在历史中创造了手工上色和木刻相结合的年画，例如，天津杨柳青木版年画、苏州桃花坞木版年画。十余年来，我一直从

吴建棠《征程》

事黑白木刻创作，同时不断深入研究木版年画，这次我申报的国家艺术基金创作，将中国传统版画的语言应用到当下的艺术创作中，在黑白木刻基础上结合手工上色的综合表现手法，向中国传统文化致敬，拓展中国版画的语言。

作品以黑白木刻为主要创作基础，用传统的艺术语言体现了“中国力量”“中国梦”“中国制造”的实力和对太空的探索性想象力。充分利用中国传统年画的绘制辅助黑白木刻，通过黑白木刻和绘画性语言丰富画面的效果，体现主题的高度艺术性。在黑白木刻创作的过程中注重材料语言的特性、简洁性，用造型严谨、细节刻画深入的具象手法，尽可能在每一个单幅的画面当中表达对象的精神特质。

（二）项目实施计划

1. 第一阶段（创作生产）

实施日期：2022 年 1 月 1 日至 8 月 31 日。

具体实施内容：

（1）2022 年 1 月，对创作思路再进行缜密的计划，反复修改后并且确立创作的草图稿。

（2）2022 年 2 月，根据草图稿，再进行艺术考察，收集素材，查阅资料，梳理素材。咨询专家的指导意见、进一步推敲草图的构思，逐步完善整体思考和局部细节之间的关系。确定画面的结构并且绘制大图，探索版画的表现语言、材料、技法等，为最后作品的呈现做好前期的充分准备。

（3）2022 年 2 月 20 日至 3 月 20 日，准备材料，工具，做好制版的前期准备。

（4）2022 年 3 月 20 日至 8 月 20 日，制版、上版，最终进行绘制和刻版。

（5）2022 年 9—10 月，进行印制，然后进行画面的结构推敲和修改，最终形成精致完美的画面。

（6）2022 年 11 月，最终完成印制作品，拍摄照片。

预期目标：按照每一个时间段的安排，进行严格的准备和思考，认真细致做好每一个阶段的工作。在收集素材、提前和专家对接指导、建议方面认真思考，反复修改画面效果图，最终体现完美的画面。对版材、油墨、刻刀、纸张等材料选择上一丝不苟，保证品质，才能提升作品质量，这种态度是对艺术作品的完美追求。创作阶段的每一个步骤进行充分而严谨的记录，保证作品的实施过程有完整的视频，体现创作的逻辑性与视觉性，最后打印装订成册。

2. 第二阶段（结项验收）

结项日期：2022 年 12 月 31 日。

项目成果形式：作品进行装裱，拍摄照片，形成图像资料，整理创作过程的步骤和程序，装订成汇报的小册子（包含作品每一个阶段的记录），最后准备迎接创作项目的验收和创作过程的汇报工作。

专家点评

申报人具有较强的创作功底，其作品多次入选国家级、省部级展览并获奖，具备较高的专业素养。本次申报的作品采用黑白木刻、手工上色相结合的综合创作手法，具有较强的视觉张力和较强的绘画性。画面的黑白布局合理、构图严谨，形式感强、可读性强。从呈现方式和效果来看，该作品是一件具有探索性和艺术表现力的版画佳作。

王进

文艺评论《青绿山水画创作的当代性研究》

2023 年度青年艺术创作人才资助项目

王进

文艺评论《青绿山水画创作的当代性研究》

2023年度青年艺术创作人才资助项目

一、申报主体简介

王进，1981年生，中国艺术研究院博士，中国国家画院博士后，山东大学教授，中国美术家协会会员，中国工笔画学会理事，中国工笔画学会山水画艺委会委员，山东省美术家协会理事。曾主持完成国家社科基金后期资助项目“唐代山水画的空间表现研究”，国家社科基金艺术学项目“明代文人雅集的绘画活动研究——艺术社会史与观念史视野中的展开”，获中国博士后基金面上一等资助。中国画作品《夏日花语》入选第四届全国青年美术作品展览，《暮云远村曲径幽》参加“翰墨新象”全国中国画作品展，获优秀奖。2012年，作品《花娇欲有言》参加2012全国中国工笔画展，获优秀奖；《日光之城》入选第十三届全国美展山东作品展。2017年，获“历史与现状”首届青年艺术理论成果奖。

王进生活照

二、项目简介

（一）主题思想、创作构思和艺术特色

青绿山水从魏晋初创，经隋唐而成熟，形成完整系统的绘画语言体系，以工笔勾勒和渲染为基础，发展出一套包括形体、色彩和空间观念语言体制。由于唐末五代以后水墨样式兴起，青绿山水在文人主导的山水画实践和理论框架中被边缘化。在宋以后千余年的发展中，山水画集中在水墨体系内的风格演进。当清代绘画把这种演进推向极致之时，在绘画语言和方式上的变革就将势在必行，这也是“五四”以后美术革命及其后的中国画变革在艺术表达方式层面的内在逻辑合理性。但是囿于审美习惯的强大惯性和社会发展及生产生活方式并未真正全面完成现代化转型，这种变革并未在表现语言上在水墨之外树立起新的绘画方式。而进入新时期以后，

才是山水画在表现方式上重新回归色彩的阶段，以青绿为代表的色彩的山水画开始越来越多地出现在各类美展中。面对这种艺术创作的新趋向，传统意义上以“笔墨”为核心的价值判断体系已经不能适应新的创作样式发展，亟待重构当代青绿山水的文艺批评话语系统。

“新青绿”不同于古典意义的青绿，“青绿”不再只是对“石青”“石绿”这种特定色彩类型的限定，而更多是基于中国画古典美学体系和架构下，强调色彩表现的价值和意义的当代山水画样式，它与水墨样式相对，指代以色彩为核心范畴的当代山水画语言样式体系。之所以沿用“青绿”，一方面因其与古典绘画丰厚的色彩表达方式和传统资源有明确连贯的传承关系，另一方面也对其赋予了当代社会文化发展方向中以绿色和谐为核心发展观的价值诉求。因此，这里的“青绿”不再是对绘画样式外在表现上特定色彩范围的限定，而是顺应绿色和谐发展观，实践构建“人与自然生命共同体”，推进新时期社会主义文艺创作，在坚守根本又不断与时俱进思想指引下，对当代山水画在审美观、创作观以及艺术趣味层面的价值重构。

本项目主要将发掘青绿山水古典语言体系与时代精神之间的契合点，探讨青绿山水美学精神的时代转换，总结和探讨中国当代山水画的色彩使用的成就和经验，为青绿山水时代走向建构理论框架三个面向展开探讨。从而全面完整地认识传统艺术和文化资源，能够更理性地探讨和指导当代青绿山水画创作，推进彰显盛世气象的当代绘画实践创作，描绘美丽中国建设，在文化建设上实现中华民族伟大复兴。

（二）项目实施计划

1. 第一阶段（创作生产）

实施日期：2022 年 1 月 1 日至 12 月 31 日。

具体实施内容：

（1）完成 1 部以青绿山水画为主题的研究报告（5 万至 10 万字），全面论证青绿山水画创作的当代性意义，探讨艺术语言的创新可能性，明确学术定位。

（2）在研究报告的基础上，完成2篇公开发表并具有一定学术价值和影响力的关于当代青绿山水创作主题的文艺评论文章，拓展青绿山水画的社会影响力。

预期目标：完成对新青绿山水创作意义价值的整体研究，明确其学术定位和当代价值。探讨当代山水画在现实主义创作观念下色彩表达的回归，严谨细腻的创作观念下艺匠精神的回归，以及社会大发展大繁荣背景下昂扬、向上的生命状态和艺术气象的回归。

2. 第二阶段（结项验收）

结项日期：2022年12月31日。

项目成果形式：1部以青绿山水画为主题的研究报告（5万至10万字）。2篇公开发表并具有一定学术价值和影响力的关于当代青绿山水创作主题的文艺评论文章。

专家点评

该项目以当代青绿山水创作为视点，考察新时期中国画的时代精神、语言样式及审美特征等，选题有一定价值。申报人在本领域已经取得了一定的成就，具有较强的艺术史研究功底，具备高质量完成项目的能力。建议进一步思考当代青绿山水的困惑与挑战，紧扣主题，使其成为真正的中国画评论项目，而非中国画历史研究。

第七部分

国家艺术基金（一般项目）2025年度资助项目申报指南

国家艺术基金
（一般项目）
2025 年度舞台艺术创作
资助项目申报指南

国家艺术基金（一般项目）2025年度舞台艺术创作资助项目申报指南

国家艺术基金面向社会受理舞台艺术创作资助项目的申报，组织专家评审，确定资助项目和资助额度，并实施监管。

根据《国家艺术基金章程》《中央专项彩票公益金支持国家艺术基金项目资金管理办法》，结合《国家艺术基金项目资助管理办法》等文件，制定本指南。

一、资助要求

本项目资助坚持以习近平新时代中国特色社会主义思想为指导，全面贯彻落实党的二十大精神，深入学习贯彻习近平文化思想，坚持为人民服务、为社会主义服

务，坚持百花齐放、百家争鸣，坚持创造性转化、创新性发展，围绕举旗帜、聚民心、育新人、兴文化、展形象建设社会主义文化强国，以社会主义核心价值观为引领，发展社会主义先进文化，弘扬革命文化，传承中华优秀传统文化，自觉提升艺术创作的精神能量、文化内涵、艺术价值，凝聚文艺原创能力，坚持以人民为中心的创作导向，推出更多经得起人民检验和评判，立得住、留得下、传得开，满足人民文化需求和增强人民精神力量的优秀舞台艺术作品。

重点资助坚定文化自信，紧扣时代脉搏，自觉承担起记录新时代、书写新时代、讴歌新时代的使命，抒写中国人民奋斗之志、创造之力、发展之果，用心用情用力展示新时代新征程恢弘气象的重大现实题材作品，特别是当代题材作品；资助坚定历史自信，增强历史主动，秉承正确的历史观，把握历史进程和时代大势，反映中华民族的千年巨变，弘扬伟大建党精神，弘扬以爱国主义为核心的民族精神和以改革创新为核心的时代精神，唱响昂扬的时代主旋律的作品；资助坚守中华文化立场，提炼展示中华文明精神标识和文化精髓，坚持守正创新，传承中华优秀传统文化，把马克思主义思想精髓同中华优秀传统文化精华贯通起来，把艺术创造力和中华文化价值融合起来，把中华美学精神和当代审美追求结合起来，赋予其时代内涵和价值的作品。

二、资助类型

（一）已经完成项目策划等创作前期工作，且在 2024 年 4 月 15 日前未安排首演的大型舞台剧和作品。

（二）在 2023 年 1 月 1 日至 12 月 31 日之间创作演出的，深受人民群众喜爱的优秀原创小型剧（节）目和作品。

三、资助范围

（一）大型舞台剧和作品包括：戏曲、话剧、歌剧、舞剧、音乐剧（歌舞剧）、儿童剧、杂技剧、木偶剧、皮影戏、小剧场戏剧、交响乐、民族管弦乐、曲艺（长篇、中篇）和具有创新性、跨界融合特点的表演艺术形式。

（二）小型剧（节）目和作品包括：小戏曲、独幕剧、小话剧、小歌剧、小舞剧、音乐（含单乐章管弦乐、独奏曲、重奏曲、室内乐、民乐小合奏、歌曲、合唱）、舞蹈（含单人舞、双人舞、三人舞、群舞）、曲艺短篇、小品、木偶小剧、皮影小戏、杂技、魔术和具有创新性、跨界融合特点的表演艺术节目等。

四、申请额度

（一）大型舞台剧和作品创作项目申请资助资金的额度不超过以下标准：戏曲、话剧项目 250 万元；歌剧、舞剧、音乐剧（歌舞剧）项目 400 万元；儿童剧项目 120 万元；杂技剧项目 300 万元；木偶剧项目 100 万元；皮影戏项目 60 万元；小剧场戏剧项目 80 万元；交响乐、民族管弦乐项目 120 万元；曲艺（长篇、中篇）项目 50 万元；具有创新性、跨界融合特点的表演艺术形式项目 100 万元。

（二）小型剧（节）目和作品创作项目申请资助资金的额度不超过 10 万元。

五、资助方式

（一）对立项资助的大型舞台剧和作品，艺术基金将先期拨付资助资金总额的 50%，作为创作生产的启动经费，主要资助剧本、音乐、编导、舞美设计等创作核心环节；经中期监督合格且首演后，拨付资助资金总额的 30%；完成规定演出场次并验收合格后，拨付剩余 20% 的资助资金。大型舞台剧和作品创作资助项目结项验收时须完成10场演出，其中应包括不少于2场的公益性演出；同时取得良好社会效益和经济效益的网络直播演出可计入演出场次，但场次不超过2场。

（二）对立项资助的小型剧（节）目和作品，艺术基金将先期拨付资助资金总额的70%，主要用于作品修改提高和演出，参加下基层、进校园等文化惠民活动；项目完成并验收合格后，拨付剩余30%的资助资金。

（三）项目经费支付按照国库集中支付有关制度规定执行。

六、申报条件

（一）本项目的项目申报主体为机构或单位（不含性质为机关法人的单位），其应同时具备以下条件：

1. 2021年4月15日前在中华人民共和国内地（大陆）同级行政机关登记、注册的机构或单位，在香港特别行政区、澳门特别行政区依法进行商业登记、公司注册或社团登记注册的机构或单位；

2. 对申报项目依法享有完整的著作权，不侵犯任何第三方的著作权或其他合法权益；

3. 申报项目的编剧、导演、音乐、舞美等主创人员应以本省（自治区、直辖市）创作人才为主，其中，外请主创人员原则上不超过2人，且主要演员不得从外省聘请，原则上使用本团演员；

4. 项目申报主体应为从事舞台艺术创作演出的机构或单位，具有稳定的创作演出团队。

（二）已获得国家艺术基金立项资助的项目，未能在《申报指南》规定实施周期内提交结项验收或终止申请的，其项目主体不能再获得同一项目类型的资助。

七、申报时间

本项目从 2024 年 4 月 15 日起开始申报，至 6 月 15 日截止申报。国家艺术基金管理中心（以下简称“管理中心”）在申报期内受理项目申报，并提供相关咨询服务，逾期不予受理。

八、申报程序

（一）项目申报主体在规定的申报受理期内，通过国家艺术基金网站（http://www.cnaf.cn），登录“国家艺术基金资助项目管理系统”，按要求填写《国家艺术基金（一般项目）2025 年度舞台艺术创作资助项目申报表》，上传申报材料。

（二）管理中心自申请截止之日起 30 日内，完成对申报项目的审核。符合相关规定的予以受理；不符合相关规定的，不予受理并通知项目申报主体。

（三）对项目申报主体提交的申报材料，管理中心按规定管理，并根据工作需要使用。

九、申报材料

（一）《国家艺术基金（一般项目）2025 年度舞台艺术创作资助项目申报表》。

（二）内地（大陆）项目申报主体须提供同级行政主管部门颁发的登记、注册证书和统一社会信用代码证书；港澳特区项目申报主体须提供商业登记证书、公司注册证书或社团注册证明书等资质证明文件。

（三）申报大型舞台剧和作品创作资助项目的，须提供项目申报主体的营业性演出许可证。

（四）申报小型剧（节）目和作品创作资助项目的，项目申报主体须在申报前征得作品主创人员同意，并提交授权申报协议书，且项目负责人应为作品主创人员。

（五）上一年度财务报表（资产负债表、利润表或收入支出决算表）和本年度 1 月份社会保险个人权益记录（单位缴费信息）。

（六）申报项目已经获得或正在申请其他财政性资金、基金支持以及第三方资助的，须提供相应的批准文件或申报材料。

（七）申报凡涉及党和国家领导人，涉及中国共产党历史、中华人民共和国历史、中国人民解放军历史上重大事件、重要人物和重大决策过程的题材或较多地涉及民族宗教内容的项目，须提供省级文化和旅游行政部门的审读意见。

（八）申报项目的剧本或剧目为改编、移植作品，须提交作品原著和作品的改编权授权协议书等相关授权文件。

（九）申报项目如有外请主创人员，须提交合作意向书或协议书。

（十）申报大型舞台剧和作品创作资助项目的，须提交经过专家论证的完整剧本、专家推荐意见及相关的导演阐述、艺术构思、舞美设计图或草图（灯光设计、人物造型设计、服装设计）、音乐小样和乐谱等文字、图片、音像资料；申报交响乐、民族管弦乐资助项目的，须提交完整乐谱；申报舞剧、杂技剧资助项目的，须提交能够较好反映主题内容、故事结构和艺术呈现的部分舞蹈、节目编排视频。

（十一）申报小型剧（节）目和作品创作资助项目的，须提交配有字幕的完整作品演出视频和演出计划；申报小戏曲、独幕剧、小话剧、小歌剧、小舞剧、曲艺短篇、小品、木偶小剧、皮影小戏资助项目的，须提交作品剧本；申报单乐章管弦乐、独奏曲、重奏曲、室内乐、民乐小合奏资助项目的，须提交作品完整乐谱；申报歌曲、合唱资助项目的，须提交作品歌词和完整乐谱。

（十二）申报材料应于 2024 年 6 月 15 日前通过网络提交，管理中心不接受纸质申报材料。作为附件上传的辅助材料，图片应采用扫描的方式形成，视频应完整清晰，可识别度高。

十、签约实施

（一）确定申报项目为立项资助项目后，管理中心将与项目申报主体签订《国家艺术基金资助项目协议书》。《国家艺术基金（一般项目）2025 年度舞台艺术创作资助项目申报表》作为协议书附件，具有同等约束力。

（二）申报项目立项后，项目主体视为同意按照艺术基金安排，参加艺术基金组织的出版、演出、演播和研讨等宣传推广活动，并将全部项目成果的展览权、放映权、广播权和信息网络传播权等与成果运用相关的著作权以非专有使用许可的方式授予管理中心。

十一、监督验收

（一）资助项目应于 2026 年 6 月 30 日前提交完整的成果材料，参加结项验收。

（二）管理中心将按照《国家艺术基金资助项目监督管理办法》，对资助项目实施情况进行监督，项目实施完成后进行结项验收。对大型舞台剧和作品创作资助项目，管理中心在首演前组织专家进行中期监督；结项验收时，项目主体应提交符合管理中心规定标准的完整视频。

（三）项目主体要保证申报项目在申报及后续实施过程中均不侵犯任何第三方的著作权及其他合法权益。如有侵犯，项目主体依法承担全部责任。

（四）项目主体违反《国家艺术基金章程》及艺术基金其他有关管理规定的，管理中心给予通报批评，并追究责任人相关责任。有下列情形之一的，报国家艺术基金理事会批准后追回已拨资金，并暂停项目主体 3 年以上申报资格，涉嫌违法违纪的移交有关部门处理：

1. 项目主体在项目实施过程中，侵犯任何第三方的著作权及其他合法权益；

2. 项目实施内容、经费支出、结项成果等与《国家艺术基金资助项目协议书》

的约定存在重大差异；

3. 项目主体存在其他弄虚作假、挪用资助资金、违反《国家艺术基金项目资助管理办法》《国家艺术基金资助项目经费管理办法》等情形；

4. 项目主体有其他严重违法违纪行为。

十二、其他

（一）获得立项资助的大型舞台剧和作品创作项目在首演前，未经管理中心同意，项目主体不得自行安排资助项目作品的出版、演出或出售资助项目的成果。

（二）资助项目在演出、宣传、出版，以及参加展演、会演和重大节庆活动时，应在相关场所和材料显著位置标注“彩票公益金资助——中国福利彩票和中国体育彩票”和“国家艺术基金资助”标识。

（三）艺术基金对项目主体在项目申报、实施过程中与第三方产生的纠纷不承担任何责任。

（四）管理中心对本指南拥有最终解释权。

（五）本指南自发布之日起实施。

国家艺术基金
（一般项目）
2025 年度美术创作
资助项目申报指南

国家艺术基金
（一般项目）
2025 年度美术创作资助项目
申报指南

国家艺术基金面向社会受理美术创作资助项目的申报，组织专家评审，确定资助项目和资助额度，并实施监管。

根据《国家艺术基金章程》《中央专项彩票公益金支持国家艺术基金项目资金管理办法》，结合《国家艺术基金项目资助管理办法》等文件，制定本指南。

一、资助要求

本项目资助坚持以习近平新时代中国特色社会主义思想为指导，全面贯彻落实党的二十大精神，深入学习贯彻习近平文化思想，坚持为人民服务、为社会主义服

务，坚持百花齐放、百家争鸣，坚持创造性转化、创新性发展，坚持以人民为中心的创作导向，以社会主义核心价值观为引领，着眼于服务国家重大战略，服务建设中华民族现代文明，思想精深、艺术精湛、制作精良的优秀美术作品和书法、篆刻作品，增强全体人民为实现中华民族伟大复兴而团结奋斗的精神力量。

重点资助以现实主义精神和浪漫主义情怀观照人民的生活、命运、情感，反映人民的喜怒哀乐和气象万千的生活景象，讴歌奋斗人生、刻画最美人物、描绘祖国秀美山河，具有显著时代意义和历史、文化、学术价值的作品；弘扬伟大建党精神，弘扬以爱国主义为核心的民族精神和以改革创新为核心的时代精神，唱响昂扬的时代主旋律的作品。

二、资助类型

本项目包括组织创作项目和个人创作项目。

（一）组织创作项目资助已经完成前期准备工作，且在 2024 年 4 月 15 日之后开展的美术和书法、篆刻作品创作。项目申报主体为从事美术创作、展览、教育的机构或单位。

（二）个人创作项目资助在 2023 年 1 月 1 日至 12 月 31 日之间创作的美术和书法、篆刻作品。项目申报主体为文艺工作者个人。

三、资助范围

本项目资助中国画、油画、版画、雕塑、水彩（粉）画、漆画和书法、篆刻等作品创作。

（一）组织创作项目须创作不少于 30 件（组）作品。创作作品可为单幅、单件作品，也可为整组作品。

（二）个人创作项目创作作品可为单幅、单件作品，也可为整组作品。

（三）创作作品的尺幅、尺度为：中国画、油画、水彩（粉）画作品单幅不小于 1.5 × 1.5 米；版画、漆画作品单幅不小于 1 × 1 米；雕塑作品单件最长边不小于 1.2 米，应为硬质材料；书法作品单件不小于 1 × 1.8 米；篆刻作品单件不小于 0.035 × 0.035 米。不在规定尺幅和尺度范围内的作品，应在申报项目时特别注明。

四、申请额度

（一）组织创作项目申请资助资金的额度不超过 200 万元。

（二）个人创作项目申请资助资金的额度不超过 10 万元。

五、资助方式

（一）对具备实施条件的组织创作项目，艺术基金将先期拨付资助资金总额的 50%；完成考察采风并召开创作研讨论证会后，拨付资助资金总额的 30%；项目完成并验收合格后，拨付剩余 20% 的资助资金。资助资金主要用于创作采风、学术研讨、资料收集、材料购置、作品展览和结集出版等与创作和宣传推广活动直接相关的支出。

（二）对立项资助的个人创作项目，艺术基金将先期拨付资助资金总额的 50%；项目完成并验收合格后，拨付剩余 50% 的资助资金。资助资金主要用于作品修改、展览、研讨、出版等与创作和宣传推广活动直接相关的支出。

（三）项目经费支付按照国库集中支付有关制度规定执行。

（四）对资助成果，国家艺术基金将与相关文化艺术机构、单位合作，择优组织展览、出版、捐赠和宣传推广等成果运用活动。

六、申报条件

（一）申报组织创作项目的机构或单位（不含性质为机关法人的单位）应同时具备以下条件：

1. 2021 年 4 月 15 日前在中华人民共和国内地（大陆）同级行政机关登记、注册的机构或单位，在香港特别行政区、澳门特别行政区依法进行商业登记、公司注册或社团登记注册的机构或单位。

2. 申报项目的机构或单位应设有面向公众开放的美术作品展览场馆。

3. 对申报项目依法享有完整的著作权，不侵犯任何第三方的著作权或其他合法权益。

4. 详实、可行的创作活动实施方案；与创作团队成员签署的创作协议，并明确作品归属；已落实资金证明，已落实资金应不少于申请资助资金。

5. 已获得其他国家级美术工程资助的项目，不能重复申报本项目。

（二）申报个人创作项目的文艺工作者应同时具备以下条件：

1. 户籍要求（符合其中 1 条即可）：

（1）具有中华人民共和国内地（大陆）户籍；获得香港特别行政区、澳门特别行政区永久性居民身份的中国公民。

（2）受聘、就读于大陆艺术机构、单位或高等院校的台湾地区文艺工作者。

2. 对申报项目依法享有完整的著作权，不侵犯任何第三方的著作权或其他合法权益。

3. 由本人所在地区或所属系统县级及以上文化和旅游行政部门、美术家协会（学会）、画（书）院、美术馆或开设美术创作研究专业的高等院校（所）等机构、单位出具推荐意见，受聘、就读于大陆艺术机构、单位或高等院校的台湾地区文艺工作者应由其受聘、就读的艺术机构、单位或高等院校出具推荐意见。

4. 每个项目申报主体可申报 1 项个人创作项目。

5. 已获得其他国家级美术工程资助的作品，不能重复申报本项目。已获得“国家艺术基金美术创作资助项目”和“国家艺术基金青年艺术创作人才资助项目”的项目主体，在资助项目尚未提交结项验收前，不能参与本年度项目申报。本项目与“国家艺术基金 2025 年度青年艺术创作人才资助项目”不能兼报。

（三）获得国家艺术基金资助的美术和书法、篆刻作品，原则上应捐赠给向公众开放的美术作品展览机构。

七、申报时间

本项目从 2024 年 4 月 15 日起开始申报，至 6 月 15 日截止申报。国家艺术基金管理中心（以下简称“管理中心”）在申报期内受理项目申报，并提供相关咨询服务，逾期不予受理。

八、申报程序

（一）项目申报主体在规定的申报受理期内，通过国家艺术基金网站（http://www.cnaf.cn），登录“国家艺术基金资助项目管理系统”，按要求填写《国家艺术基金（一般项目）2025 年度美术创作资助项目申报表》，上传申报材料。

（二）管理中心自申请截止之日起 30 日内，完成对申报项目的审核。符合相关规定的予以受理；不符合相关规定的，不予受理并通知项目申报主体。

（三）对项目申报主体提交的申报材料，管理中心按规定管理，并根据工作需要使用。

九、申报材料

（一）《国家艺术基金（一般项目）2025 年度美术创作资助项目申报表》。

（二）申报凡涉及党和国家领导人，涉及中国共产党历史、中华人民共和国历史、中国人民解放军历史上重大事件、重要人物和重大决策过程的题材或较多地涉及民族宗教内容的项目，须提供省级文化和旅游行政部门的审读意见。

（三）申报项目已经获得或正在申请其他财政性资金、基金支持以及第三方资助的，须提供相应的批准文件或申报材料。

（四）申报组织创作项目的内地（大陆）项目申报主体须提供同级行政主管部门颁发的登记、注册证书和统一社会信用代码证书，港澳特区项目申报主体须提供商业登记证书、公司注册证书或社团注册证明书等资质证明文件；已落实资金证明，上一年度财务报表（资产负债表、利润表或收入支出决算表）和本年度 1 月份社会保险个人权益记录（单位缴费信息）；组织创作活动的工作方案，全部创作团队成员的艺术简介和已签署的创作协议。

（五）申报组织创作项目应提供创作作品的构思草图、初稿或作品小样的照片。

（六）申报个人创作项目的内地（大陆）项目申报主体须提交身份证；港澳特区项目申报主体须提交港澳永久性居民身份和中国公民身份的证明；台湾地区项目申报主体须提交台湾居民来往大陆通行证或台湾居民居住证，与受聘艺术机构、单位签订的聘用合同或就读院校学生证。

（七）申报个人创作项目须提供申报项目作品的高清照片，项目申报主体曾在本领域获得专业奖项或参加过省级及以上展览活动的获奖、参展证书以及代表作品的照片。

（八）申报材料应于 2024 年 6 月 15 日前通过网络提交，管理中心不接受纸质申报材料。作为附件上传的辅助材料，图片应采用扫描的方式形成，视频应完整清晰，可识别度高。

十、签约实施

（一）确定申报项目为立项资助项目后，管理中心将与项目申报主体签订《国家艺术基金资助项目协议书》。《国家艺术基金（一般项目）2025 年度美术创作资助项目申报表》作为协议书附件，具有同等约束力。

（二）申报项目立项后，项目主体视为同意按照艺术基金安排，参加艺术基金组织的展览、研讨和出版、演播等宣传推广活动，并将全部项目成果的展览权、放映权、广播权和信息网络传播权等与成果运用相关的著作权以非专有使用许可的方式授予管理中心。

十一、监督验收

（一）资助项目应于 2026 年 10 月 31 日前提交完整的成果材料，参加结项验收。

（二）组织创作项目申请结项验收时，须在面向公众开放的美术作品展览场馆开展创作作品展览活动。

（三）管理中心将按照《国家艺术基金资助项目监督管理办法》，对资助项目实施情况进行监督，并组织专家对资助项目进行结项验收。

（四）项目主体要保证申报项目在申报及后续实施过程中均不侵犯任何第三方的著作权及其他合法权益。如有侵犯，项目主体依法承担全部责任。

（五）项目主体违反《国家艺术基金章程》及艺术基金其他有关管理规定的，管理中心给予通报批评，并追究责任人相关责任。有下列情形之一的，报国家艺术基金理事会批准后追回已拨资金，并暂停项目主体 3 年以上申报资格，涉嫌违法违纪的移交有关部门处理：

1. 项目主体在项目实施过程中，侵犯任何第三方的著作权及其他合法权益；

2. 项目实施内容、经费支出、结项成果等与《国家艺术基金资助项目协议书》

的约定存在重大差异；

3. 项目主体存在其他弄虚作假、挪用资助资金、违反《国家艺术基金项目资助管理办法》《国家艺术基金资助项目经费管理办法》等情形；

4. 项目主体有其他严重违法违纪行为。

十二、其他

（一）资助项目在实施过程中，应在相关场所和材料显著位置标注“彩票公益金资助——中国福利彩票和中国体育彩票”和“国家艺术基金资助”标识。项目主体应妥善保管资助项目的作品，未经管理中心书面同意，不得出售、捐赠或变相转让。

（二）艺术基金对项目主体在项目申报、实施过程中与第三方产生的纠纷不承担任何责任。

（三）管理中心对本指南拥有最终解释权。

（四）本指南自发布之日起实施。

国家艺术基金
（一般项目）
2025 年度传播交流推广
资助项目申报指南

国家艺术基金（一般项目）2025年度传播交流推广资助项目申报指南

国家艺术基金面向社会受理传播交流推广资助项目的申报，组织专家评审，确定资助项目和资助额度，并实施监管。

根据《国家艺术基金章程》《中央专项彩票公益金支持国家艺术基金项目资金管理办法》，结合《国家艺术基金项目资助管理办法》等文件，制定本指南。

一、资助要求

本项目资助坚持以习近平新时代中国特色社会主义思想为指导，全面贯彻落实党的二十大精神，深入学习贯彻习近平文化思想，坚持为人民服务、为社会主义服

务，坚持百花齐放、百家争鸣，坚持创造性转化、创新性发展，围绕举旗帜、聚民心、育新人、兴文化、展形象建设社会主义文化强国，以社会主义核心价值观为引领，发展社会主义先进文化，弘扬革命文化，传承中华优秀传统文化，促进满足人民文化需求和增强人民精神力量相统一，努力实现社会效益和经济效益相统一的优秀艺术作品演出、展览项目。

重点资助改革开放以来特别是党的十八大以来创作生产的优秀艺术作品演出、展览活动；配合国家重大战略实施和重要国际交往活动，围绕国家重大纪念活动和重要时间节点举办的优秀艺术作品演出、展览活动；深入市、县基层，深入革命老区、民族地区、边疆地区开展的优秀艺术作品演出、展览活动；省级及以上国有文艺院团与基层文艺院团联合开展的优秀作品演出活动；获得国家艺术基金舞台艺术创作项目资助，在结项验收后继续进行重大加工修改提高，艺术质量有明显提升，取得良好社会效益作品的演出活动。

二、资助范围

本项目资助优秀舞台艺术、美术、书法、摄影和工艺美术作品等在国内外的演出、展览。不资助艺术工作者个人作品的演出展览、纪念活动、节庆赛事等；不资助古代艺术品（文物）展览、非物质文化遗产原貌展示的项目。

三、申请额度

（一）申请资助资金的额度不超过 300 万元。

（二）在国内实施的项目，可申请不高于项目总成本预算额度 50%的匹配资助；在国外实施的项目，可申请不高于项目总成本预算额度 30%的匹配资助。

四、资助方式

（一）演出项目资助资金主要用于演出补助、运输费、差旅费、学术研讨费和宣传费等；展览项目资助资金主要用于展出补助、策展费、布（撤）展费、运输费、差旅费、展品制作（装裱、洗印）费、学术研讨费和宣传费等。

（二）深入实施国家文化数字化战略，支持线下演出、展览与线上展播活动相融合，可安排不超过演出、展览总场次 20% 的网络展播场次。

（三）对具备实施条件的资助项目，艺术基金将先期拨付资助资金总额的 70% 作为项目实施经费；项目完成并验收合格后，拨付剩余 30% 的资助资金。

（四）项目经费支付按照国库集中支付有关制度规定执行。

五、申报条件

（一）本项目的项目申报主体为机构或单位（不含性质为机关法人的单位），其应同时具备以下条件：

1. 2021 年 4 月 15 日前在中华人民共和国内地（大陆）同级行政机关登记、注册的机构或单位，在香港特别行政区、澳门特别行政区依法进行商业登记、公司注册或社团登记注册的机构或单位；

2. 已经完成了申报项目的前期工作，能够提供详实、可行的工作方案，与演出展览承接方签署的协议和已落实资金证明。

（二）申报舞台艺术作品演出项目，应于项目申报前完成作品创作演出。

（三）申报美术、书法、摄影和工艺美术作品展览项目，应于项目申报前完成作品创作和征集工作。

（四）在国外开展的项目须有国外合作方提供的邀请函。国外合作方应为有实力、有经验、有渠道、有平台、有影响力、有资质的专业机构，能够安排主流场所，吸引主流观众。

（五）已获得国家艺术基金立项资助的项目，未能在《申报指南》规定实施周期内提交结项验收或终止申请的，其项目主体不能再获得同一项目类型的资助；已获得国家艺术基金舞台艺术创作项目资助的剧目和作品，在尚未提交结项验收前，不能申报本年度传播交流推广资助项目；已获得国家艺术基金 2023 年度或者 2024 年度传播交流推广项目资助的演出和展览，不能申报本年度传播交流推广资助项目。

六、申报时间

本项目从 2024 年 4 月 15 日起开始申报，至 6 月 15 日截止申报。国家艺术基金管理中心（以下简称“管理中心”）在申报期内受理项目申报，并提供相关咨询服务，逾期不予受理。

七、申报程序

（一）项目申报主体在规定的申报受理期内，通过国家艺术基金网站（http://www.cnaf.cn），登录“国家艺术基金资助项目管理系统”，按要求填写《国家艺术基金（一般项目）2025 年度传播交流推广资助项目申报表》，上传申报材料。

（二）管理中心自申请截止之日起 30 日内，完成对申报项目的审核。符合相关规定的予以受理；不符合相关规定的，不予受理并通知项目申报主体。

（三）对项目申报主体提交的申报材料，管理中心按规定管理，并根据工作需要使用。

八、申报材料

（一）《国家艺术基金（一般项目）2025 年度传播交流推广资助项目申报表》。

（二）内地（大陆）项目申报主体须提供同级行政主管部门颁发的登记、注册证书和统一社会信用代码证书；港澳特区项目申报主体须提供商业登记证书、公司注册证书或社团注册证明书等资质证明文件。

（三）申报舞台艺术作品演出项目的，须提供项目申报主体的营业性演出许可证。

（四）已落实资金证明，上一年度财务报表（资产负债表、利润表或收入支出决算表）和本年度 1 月份社会保险个人权益记录（单位缴费信息）。

（五）申报项目已经获得或正在申请其他财政性资金、基金支持以及第三方资助的，须提供相应的批准文件或申报材料。

（六）开展传播交流推广活动的工作方案，与承接演出展览的剧场、展馆、线上展播数字化平台签署的协议。

（七）申报凡涉及党和国家领导人，涉及中国共产党历史、中华人民共和国历史、中国人民解放军历史上重大事件、重要人物和重大决策过程的题材或较多地涉及民族宗教内容的项目，须提供省级文化和旅游行政部门的审读意见。

（八）在国外开展的项目申报前须征得同级文化和旅游行政部门的同意，并提供相关证明材料。

（九）演出项目须提交完整的参演作品视频，展览项目须提交全部参展作品的图片。

（十）做过重大加工修改提高的国家艺术基金资助的舞台剧和作品，须提交修改工作方案、总结和详实的证明材料。

（十一）申报材料应于 2024 年 6 月 15 日前通过网络提交，管理中心不接受纸质申报材料。作为附件上传的辅助材料，图片应采用扫描的方式形成，视频应完整清晰，可识别度高。

九、签约实施

（一）确定申报项目为立项资助项目后，管理中心将与项目申报主体签订《国家艺术基金资助项目协议书》。《国家艺术基金（一般项目）2025年度传播交流推广资助项目申报表》作为协议书附件，具有同等约束力。

（二）申报项目立项后，项目主体视为同意按照艺术基金安排，参加艺术基金组织的出版、演出、展览、演播和研讨等宣传推广活动，并将全部项目成果的展览权、放映权、广播权和信息网络传播权等与成果运用相关的著作权以非专有使用许可的方式授予管理中心。

十、监督验收

（一）资助项目应于2026年10月31日前提交完整的成果材料，参加结项验收。

（二）管理中心将按照《国家艺术基金资助项目监督管理办法》，对资助项目实施情况进行监督，并组织专家对资助项目进行结项验收。

（三）项目主体要保证申报项目在申报及后续实施过程中均不侵犯任何第三方的著作权及其他合法权益。如有侵犯，项目主体依法承担全部责任。

（四）项目主体违反《国家艺术基金章程》及艺术基金其他有关管理规定的，管理中心给予通报批评，并追究责任人相关责任。有下列情形之一的，报国家艺术基金理事会批准后追回已拨资金，并暂停项目主体3年以上申报资格，涉嫌违法违纪的移交有关部门处理：

1. 项目主体在项目实施过程中，侵犯任何第三方的著作权及其他合法权益；

2. 项目实施内容、经费支出、结项成果等与《国家艺术基金资助项目协议书》的约定存在重大差异；

3. 项目主体存在其他弄虚作假、挪用资助资金、违反《国家艺术基金项目资助管理办法》《国家艺术基金资助项目经费管理办法》等情形；

4. 项目主体有其他严重违法违纪行为。

十一、其他

（一）资助项目在实施过程中，应在相关场所和材料显著位置标注“彩票公益金资助——中国福利彩票和中国体育彩票”和“国家艺术基金资助”标识。

（二）艺术基金对项目主体在项目申报、实施过程中与第三方产生的纠纷不承担任何责任。

（三）管理中心对本指南拥有最终解释权。

（四）本指南自发布之日起实施。

国家艺术基金
（一般项目）
2025 年度艺术人才培训
资助项目申报指南

国家艺术基金（一般项目）2025 年度艺术人才培训资助项目申报指南

国家艺术基金面向社会受理艺术人才培训资助项目的申报，组织专家评审，确定资助项目和资助额度，并实施监管。

根据《国家艺术基金章程》《中央专项彩票公益金支持国家艺术基金项目资金管理办法》，结合《国家艺术基金项目资助管理办法》等文件，制定本指南。

一、资助要求

本项目资助坚持以习近平新时代中国特色社会主义思想为指导，全面贯彻落实党的二十大精神，深入学习贯彻习近平文化思想，坚持为人民服务、为社会主义服

务，坚持百花齐放、百家争鸣，坚持创造性转化、创新性发展，围绕举旗帜、聚民心、育新人、兴文化、展形象建设社会主义文化强国，以培育造就大批德艺双馨的文艺家和规模宏大的文艺人才队伍，推出更多满足人民文化需求和增强人民精神力量的优秀作品，建设中华民族现代文明为目标的培训项目。

重点资助以造就有影响的各领域艺术领军人物为目标的艺术人才培训活动；关系到舞台艺术和美术事业传承和长远发展的特殊、急需、紧缺的艺术人才培训活动；满足基层艺术事业发展需要的优秀实用型艺术人才培训活动；培养有利于戏曲艺术传承发展的优秀艺术人才培训活动。

二、资助范围

本项目资助舞台艺术、美术、书法、摄影和工艺美术等领域创作人才、经营管理人才和文艺评论人才培训。不资助古代艺术品（文物）保护利用人才培训、非物质文化遗产传承人培训和以城乡空间规划设计为主要内容的人才培训项目。培训分为短期培训和中长期培训。

（一）项目设计要遵循高层次、小批量原则，体现灵活性、多样化特点，鼓励艺术经验的直接传授和在实践中提升经营管理能力，围绕具体创作任务出作品、出人才。

（二）创作人才培训重在艺术实践和经验传授，注重提升专业技能、拓宽艺术视野和培养创新能力；经营管理人才培训重在培养熟悉艺术创作生产规律，了解市场运行机制，能够做好艺术作品宣传推广和市场经营工作的复合型人才；文艺评论人才培训重在培养能够针对创作实践开展文艺评论的人才；“高端艺术人才国外研修计划”重在与国外艺术机构、单位合作开展培训活动，选派、支持优秀艺术人才赴国外艺术团体和经营机构学习实践，提升专业技能，提高推广交流和经营管理能力。

三、申请额度

艺术基金依据申报项目的培训类别、学员数量、授课时长等因素，同时参考项目申报主体制定的项目预算核定资助资金。

四、资助方式

（一）艺术基金对聘请教师、学员交通食宿、租赁培训场所和开展艺术实践活动等给予资助，承担项目的机构或单位须将资助资金全部用于项目开支，不得向学员收取学费等其他费用，不得与自行举办的其他培训项目拼班、交叉。

（二）对具备实施条件的资助项目，艺术基金将先期拨付资助资金总额的 50% 作为启动经费；项目开班经中期监督合格后，拨付资助资金总额的 30%；项目完成并验收合格后，拨付剩余 20% 的资助资金。

（三）项目经费支付按照国库集中支付有关制度规定执行。

（四）承担项目的机构或单位应适度控制培训规模，短期培训原则上参加培训的学员应控制在 30 名以内，最多不能超过 50 名；中长期培训原则上参加培训的学员应控制在 20 名以内，最多不能超过 30 名。要面向全国择优遴选培训对象，学员确定后应将名单及个人简历报送国家艺术基金管理中心（以下简称“管理中心”）备案。

（五）承担项目的机构或单位应保证培训时间，短期培训原则上培训时间应不少于 2 个月，不超过 6 个月，且集中培训时间应不少于 1 个月；中长期培训原则上培训时间应不少于 1 年，且集中培训时间应不少于 6 个月；“高端艺术人才国外研修计划”项目安排在国外学习实践时间应不少于 2 个月。培训可依据具体项目的特点和人才培养要求分批次、分地域进行。

五、申报条件

（一）本项目的项目申报主体为机构或单位（不含性质为机关法人的单位），其应同时具备以下条件：

1. 2021 年 4 月 15 日前在中华人民共和国内地（大陆）同级行政机关登记、注册的机构或单位，在香港特别行政区、澳门特别行政区依法进行商业登记、公司注册或社团登记注册的机构或单位；

2. 具备完善的管理制度，与实施项目相匹配的教学实践资源、师资力量和设施条件，能够提供详实、可行的培训方案。鼓励艺术创作单位与艺术教育科研单位合作开展项目。

（二）已获得国家艺术基金立项资助的项目，未能在《申报指南》规定实施周期内提交结项验收或终止申请的，其项目主体不能再获得同一项目类型的资助。

六、申报时间

本项目从 2024 年 4 月 15 日起开始申报，至 6 月 15 日截止申报。管理中心在申报期内受理项目申报，并提供相关咨询服务，逾期不予受理。

七、申报程序

（一）项目申报主体在规定的申报受理期内，通过国家艺术基金网站（http://www.cnaf.cn），登录“国家艺术基金资助项目管理系统”，按要求填写《国家艺术基金（一般项目）2025 年度艺术人才培训资助项目申报表》，上传申报材料。

（二）管理中心自申请截止之日起 30 日内，完成对申报项目的审核。符合相关规定的予以受理；不符合相关规定的，不予受理并通知项目申报主体。

（三）对项目申报主体提交的申报材料，管理中心按规定管理，并根据工作需要使用。

八、申报材料

（一）《国家艺术基金（一般项目）2025 年度艺术人才培训资助项目申报表》。

（二）内地（大陆）项目申报主体须提供同级行政主管部门颁发的登记、注册证书和统一社会信用代码证书；港澳特区项目申报主体须提供商业登记证书、公司注册证书或社团注册证明书等资质证明文件。

（三）上一年度财务报表（资产负债表、利润表或收入支出决算表）和本年度 1 月份社会保险个人权益记录（单位缴费信息）。

（四）申报项目已经获得或正在申请其他财政性资金、基金支持以及第三方资助的，须提供相应的批准文件或申报材料。

（五）开展艺术人才培训项目的工作方案、完整课程安排、全部授课教师简介，以及与授课教师签署的协议。

（六）申报项目涉及国外培训活动的，须提供与国外合作机构的合作协议。

（七）申报材料应于 2024 年 6 月 15 日前通过网络提交，管理中心不接受纸质申报材料。作为附件上传的辅助材料，图片应采用扫描的方式形成，视频应完整清晰，可识别度高。

九、签约实施

（一）确定申报项目为立项资助项目后，管理中心将与项目申报主体签订《国家艺术基金资助项目协议书》。《国家艺术基金（一般项目）2025 年度艺术人才培训资助项目申报表》作为协议书附件，具有同等约束力。

（二）申报项目立项后，项目主体视为同意按照艺术基金安排，参加艺术基金组织的出版、演出、展览、演播和研讨等宣传推广活动，并将全部项目成果的展览权、放映权、广播权和信息网络传播权等与成果运用相关的著作权以非专有使用许可的方式授予管理中心。

十、监督验收

（一）资助项目应于 2026 年 6 月 30 日前提交完整的成果材料，参加结项验收。

（二）管理中心将按照《国家艺术基金资助项目监督管理办法》，对资助项目实施情况进行监督，并组织专家对资助项目进行结项验收。

（三）项目主体应加强对授课内容的管理，录制全部课程的完整视频。

（四）项目主体要保证申报项目在申报及后续实施过程中均不侵犯任何第三方的著作权及其他合法权益。如有侵犯，项目主体依法承担全部责任。

（五）项目主体违反《国家艺术基金章程》及艺术基金其他有关管理规定的，管理中心给予通报批评，并追究责任人相关责任。有下列情形之一的，报国家艺术基金理事会批准后追回已拨资金，并暂停项目主体 3 年以上申报资格，涉嫌违法违纪的移交有关部门处理：

1. 项目主体在项目实施过程中，侵犯任何第三方的著作权及其他合法权益；

2. 项目实施内容、经费支出、结项成果等与《国家艺术基金资助项目协议书》的约定存在重大差异；

3. 项目主体存在其他弄虚作假、挪用资助资金、违反《国家艺术基金项目资助管理办法》《国家艺术基金资助项目经费管理办法》等情形；

4. 项目主体有其他严重违法违纪行为。

十一、其他

（一）资助项目在实施过程中，应在相关场所和材料显著位置标注“彩票公益金资助——中国福利彩票和中国体育彩票”和“国家艺术基金资助”标识。

（二）艺术基金对项目主体在项目申报、实施过程中与第三方产生的纠纷不承担任何责任。

（三）管理中心对本指南拥有最终解释权。

（四）本指南自发布之日起实施。

国家艺术基金
（一般项目）
2025 年度青年艺术创作人才
资助项目申报指南

国家艺术基金
（一般项目）
2025年度青年艺术创作人才资助项目申报指南

国家艺术基金面向社会受理青年艺术创作人才资助项目的申报，组织专家评审，确定资助项目和资助额度，并实施监管。

根据《国家艺术基金章程》《中央专项彩票公益金支持国家艺术基金项目资金管理办法》，结合《国家艺术基金项目资助管理办法》等文件，制定本指南。

一、资助要求

本项目资助坚持以习近平新时代中国特色社会主义思想为指导，全面贯彻落实党的二十大精神，深入学习贯彻习近平文化思想，坚持为人民服务、为社会主义服务，坚持百花齐放、百家争鸣，坚持创造性转化、创新性发展，坚定不移听党话、跟党走，怀抱梦想又脚踏实地，敢想敢为又善作善成，坚守艺术理想，追求德艺双馨，讲品位、讲格调、讲责任，努力多创新、出精品，勇于挑大梁、当主角积极投身于中华民族现代文明建设的青年文艺工作者。

重点资助在本专业、本领域已取得一定成绩，具有较大社会影响力、号召力的青年艺术创作和文艺评论工作者；思想进步、富于才华但尚在成长、发展期，给予支持有望成长为优秀人才的青年艺术创作和文艺评论工作者。

二、资助范围

（一）戏剧编剧、曲本作者；

（二）音乐作曲；

（三）舞蹈、舞剧编导；

（四）舞台艺术表演；

（五）美术、书法、摄影创作；

（六）工艺美术创作；

（七）舞台艺术、美术、书法、摄影、工艺美术文艺评论。

三、申请额度

申请资助资金的额度不超过 10 万元。

四、资助方式

（一）对立项资助项目，艺术基金将先期拨付资助资金总额的 50%；项目完成并验收合格后，拨付剩余 50% 的资助资金。资助资金主要用于创作采风、资料收集、材料购置和作品录音录像、包装运输、展览演出、结集出版等与创作有关的支出。

（二）项目经费支付按照国库集中支付有关制度规定执行。

五、申报条件

（一）本项目的项目申报主体为个人，其应同时具备以下条件：

1. 户籍要求（符合其中 1 条即可）：

（1）具有中华人民共和国内地（大陆）户籍；获得香港特别行政区、澳门特别行政区永久性居民身份的中国公民。

（2）受聘、就读于大陆艺术机构、单位或高等院校的台湾地区文艺工作者。

2. 年龄不超过 40 周岁（1984 年 4 月 30 日以后出生）。

3. 由本人工作单位出具推荐意见，或者由所在领域不少于 3 位具有副高级及以上职称的专家或知名人士出具推荐意见；受聘、就读于大陆艺术机构、单位或高等院校的台湾地区文艺工作者应由其受聘、就读的艺术机构、单位或高等院校出具推荐意见。

（二）每个项目申报主体可申报 1 项青年艺术创作人才资助项目。

（三）已获得“国家艺术基金青年艺术创作人才资助项目”的项目主体，不能重复申报本项目；已获得“国家艺术基金美术创作资助项目”的项目主体，在资助项目尚未提交结项验收前，不能申报本项目。

六、申报时间

本项目从 2024 年 4 月 15 日起开始申报，至 6 月 15 日截止申报。国家艺术基金管理中心（以下简称“管理中心”）在申报期内受理项目申报，并提供相关咨询服务，逾期不予受理。

七、申报程序

（一）项目申报主体在规定的申报受理期内，通过国家艺术基金网站（http://www.cnaf.cn），登录“国家艺术基金资助项目管理系统”，按要求填写《国家艺术基金（一般项目）2025年度青年艺术创作人才资助项目申报表》，上传申报材料。

（二）管理中心自申请截止之日起30日内，完成对申报项目的审核。符合相关规定的予以受理；不符合相关规定的，不予受理并通知项目申报主体。

（三）对项目申报主体提交的申报材料，管理中心按规定管理，并根据工作需要使用。

八、申报材料

（一）《国家艺术基金（一般项目）2025年度青年艺术创作人才资助项目申报表》。

（二）内地（大陆）项目申报主体须提交身份证；港澳特区项目申报主体须提交港澳永久性居民身份和中国公民身份的证明；台湾地区项目申报主体须提交台湾居民来往大陆通行证或台湾居民居住证。

（三）台湾地区项目申报主体须提交与受聘艺术机构、单位签订的聘用合同或就读院校学生证。

（四）项目申报主体曾在本领域获得专业奖项或参加过展览、演出活动的，须提交获奖、参展、参演证书。

（五）申报凡涉及党和国家领导人，涉及中国共产党历史、中华人民共和国历史、中国人民解放军历史上重大事件、重要人物和重大决策过程的题材或较多地涉及民族宗教内容的项目，须提供省级文化和旅游行政部门的审读意见。

（六）项目申报主体已经获得或正在申请其他财政性资金、基金支持以及第三方资助的，须提供相应的批准文件或申报材料。

（七）申报戏剧编剧、曲本作者项目，须提交项目申报主体曾创作完成的2至3部剧本、曲本和申报项目的创作构思、故事梗概。

（八）申报音乐作曲项目，须提交项目申报主体曾创作完成的2至3部作品的乐谱、音频或视频文件和申报项目的艺术构思、音乐小样及其乐谱。

（九）申报舞蹈、舞剧编导项目，须提交项目申报主体曾编导创作的2至3部作品的视频文件和申报项目的创作构思。

（十）申报舞台艺术表演项目，须提交项目申报主体曾演出的2至3部舞台艺术作品视频文件，其中至少有1部为本人单独表演的、不超过15分钟的作品，以及申报项目的创作构思或部分彩排视频。

（十一）申报美术、书法、摄影、工艺美术创作项目，须提交项目申报主体曾创作完成的5至10幅作品照片和申报项目的构思草图、初稿或作品小样的照片。

（十二）申报舞台艺术、美术、书法、摄影、工艺美术文艺评论项目，须提交项目申报主体撰写且公开发表的2至3篇评论文章和申报项目的研究内容、基本思路。

（十三）申报材料应于2024年6月15日前通过网络提交，管理中心不接受纸质申报材料。作为附件上传的辅助材料，图片应采用扫描的方式形成，视频应完整清晰，可识别度高。

九、签约实施

（一）确定申报项目为立项资助项目后，管理中心将与项目申报主体签订《国家艺术基金资助项目协议书》。《国家艺术基金（一般项目）2025 年度青年艺术创作人才资助项目申报表》作为协议书附件，具有同等约束力。

（二）申报项目立项后，项目主体视为同意按照艺术基金安排，参加艺术基金组织的出版、演出、展览、演播和研讨等宣传推广活动，并将全部项目成果的展览权、放映权、广播权和信息网络传播权等与成果运用相关的著作权以非专有使用许可的方式授予管理中心。

十、监督验收

（一）资助项目应于 2026 年 6 月 30 日前提交完整的成果材料，参加结项验收。

（二）资助项目申请结项验收时，须提交完整作品。

1. 戏剧编剧、曲本作者项目须提交完整的戏剧剧本、曲艺曲本。

2. 音乐作曲项目须提交完整的音乐作品乐谱、音频或视频。

3. 舞蹈编导项目须提交完整的舞蹈作品视频；舞剧编导项目须提交完整的舞剧作品或其中一幕的视频。

4. 舞台艺术表演项目须提交完整的个人演出视频。

5. 美术、书法、摄影创作项目须提交完整的创作作品，其中，中国画、油画、水彩（粉）画作品单幅不小于 1.5 × 1.5 米；版画作品单幅不小于 1 × 1 米；雕塑作品单件最长边不小于 1.2 米，应为硬质材料；书法作品单件不小于 1 × 1.8 米；篆刻作品单件不小于 0.035 × 0.035 米；摄影作品单幅不小于 20 寸（0.4 × 0.5 米），应用专业级相纸打印。

6. 工艺美术创作项目须提交完整的创作作品。

7. 舞台艺术、美术、书法、摄影、工艺美术文艺评论项目须提交撰写的评论文章。

（三）管理中心将按照《国家艺术基金资助项目监督管理办法》，对资助项目实施情况进行监督，并组织专家对资助项目进行结项验收。

（四）项目主体要保证申报项目在申报及后续实施过程中均不侵犯任何第三方的著作权及其他合法权益。如有侵犯，项目主体依法承担全部责任。

（五）项目主体违反《国家艺术基金章程》及艺术基金其他有关管理规定的，管理中心给予通报批评，并追究责任人相关责任。有下列情形之一的，报国家艺术基金理事会批准后追回已拨资金，并暂停项目主体3年以上申报资格，涉嫌违法违纪的移交有关部门处理：

1. 项目主体在项目实施过程中，侵犯任何第三方的著作权及其他合法权益；

2. 项目实施内容、经费支出、结项成果等与《国家艺术基金资助项目协议书》的约定存在重大差异；

3. 项目主体存在其他弄虚作假、挪用资助资金、违反《国家艺术基金项目资助管理办法》《国家艺术基金资助项目经费管理办法》等情形；

4. 项目主体有其他严重违法违纪行为。

十一、其他

（一）资助项目结项验收前，未经管理中心书面同意，项目主体不得以国家艺术基金资助项目的名义安排资助项目作品的出版、演出、展览以及出售、捐赠资助项目的作品。结项验收合格后，方可开展上述活动并应在相关场所和材料显著位置标注“彩票公益金资助——中国福利彩票和中国体育彩票”和“国家艺术基金资助”标识。

（二）艺术基金对项目主体在项目申报、实施过程中与第三方产生的纠纷不承担任何责任。

（三）管理中心对本指南拥有最终解释权。

（四）本指南自发布之日起实施。

后　记

党的二十大提出："坚持以人民为中心的创作导向，推出更多增强人民精神力量的优秀作品，培育造就大批德艺双馨的文学艺术家和规模宏大的文化文艺人才队伍。"对新时代文艺事业发展作出了战略部署，也为国家艺术基金指明了工作方向。

全面贯彻落实党的二十大精神，深入学习贯彻习近平文化思想，国家艺术基金将与全国艺术机构、单位和文艺工作者一道，坚持党对文艺工作的领导，坚持与时代同步伐，坚持以人民为中心的工作导向，坚持把提高质量作为文艺作品的生命线，坚持崇德尚艺的人格追求，以实现高质量发展为目标，立足新发展阶段、贯彻新发展理念、服务和融入新发展格局，坚持"公益性"，定位"国家级"，树立"大局观"，瞄准"出精品"，着力"育人才"，尊重和遵循文艺规律，不断深化资助体系、资助方式、管理方式和成果运用改革，更好地发挥引领示范带动作用，为推动文艺事业高质量发展，提高国家文化软实力，建设社会主义文化强国再立新功。

感谢各级文化和旅游行政部门的正确领导和积极支持，感谢各类艺术机构、单位和文艺工作者的热情参与，感谢本书收录申报材料创作者的辛劳付出，感谢文化艺术出版社的大力帮助！因时间匆促，在整理材料的过程中难免有所疏漏，不当之处，请批评指正。感激之言不足示敬。